AND SO ON 그 밖에

메아리조각

workroom

AND SO ON · 6

KIM LIYOUN
VIEWS—HORIZONS PRESSED TOGETHER ·
BREATHS PRESSED TOGETHER · 20
VIEWS—BREATH AND THREAD · 30

KIM SONO
DA CAPO · 36
TOUCHING WHILE ETCHING · 40

KIM SO YEON
A RECORD HEAT WAVE · 52
simultaneity · 60

LEE JENNY
becoming-singingbowl · 70
becoming-therestofit · 76

LIM SOLAH
MANY PATIENTS EAT WILD ANIMALS · 92
OUT OF HARM'S WAY · 96

HA MINA
SHE · 102
a gift sent by no one · 106

에코 I

그 밖에 · 7

김리윤
전망들—맞댄 수평선·맞댄 숨 · 21
전망들—숨과 올 · 31

김선오
다 카포 · 37
만지며 긋는 · 41

김소연
기록적인 폭염 · 53
동시에 · 61

이제니
되기-노래하는 그릇 소리 · 71
되기-그 밖의 모든 것 · 77

임솔아
많은 환자들이
야생동물을 먹는다 · 93
건너편 · 97

하미나
그녀 · 103
발신자가 적혀 있지
않은 선물 · 107

에코 II

그 밖에-베를린-메아리조각-몸-시-소리 · 116

김뉘연
들림—음성 사이 공간의 시간 · 134

에코 I

AND SO ON

You recall what? ...

useless thoughts forget them

    Let's go,
    A light that makes sounds

    sounds, in concert with one another,
    gather—
    as if to fade,
    or not—
    and make a rhythm almighty that endures

I am your sound
    a connection in the form of echoes, a layering, breaking news, an entanglement, a persistence

Its reverberations travel through my body. a wildness called time. As the sound swells and sinks, I plumb the heights and depths of me.

Across the mountain smoke rises.
What if it's a wildfire, we are worried,
while setting up the campsite—

    The sound of melting
        snaps, bangs, shouts
nonexistent because inaudible
    The sound of a snowflake growing more facets

그 밖에

뭐였더라 그게….

잡생각이야 잊어

   가자,
   소리를 내는 빛

   소리들은 협력하고 소리들은
   서로를 붙들고
   사라지려고 혹은
   사라지지 않으려고
   전능하고 무궁한 리듬을 만들고

나는 당신의 소리입니다
   메아리라는 형식의 연결이, 중첩이, 속보가, 얽힘이, 지속이 있는

사물의 진동이 나의 몸을 울리고 있다. 시간이라는 야생이 있다. 소리의 진폭이 커져 가는 만큼 나는 나의 높이와 깊이를 이해한다.

건너편 산에서 연기가 피어오른다.
산불이 난 건 아니겠지 하며 우리는
우리가 잘 곳을 만들고 있다.

   녹는 소리
       닫는 소리 부딪치는 소리 부르는 소리
들리지 않기에 이 세계에 없는 소리
   하나의 눈 입자가 조금 더 많은 꺾임면을 갖는 소리

Letters laugh underneath the page.
The sound of their mad laughter.

screams

    The sound of light falling onto each facet
voices both new and old

    becoming. rustling. in the exact pace not becoming. running forward. reemerging with myriad movements. flowing differently. re-born. my place. sound of my bell. my contour. my wings. of my golden yellow. deep words.

    Sounds travel through me, and vanish.

Inside my dream
Inside my metaphor
Inside my letter

    a hand that stirs the sleep-talk, the sleep that spills over the hand, a body curled smaller than even the sleep outside of sleep, the wildness that is the body, that small wildness, the even smaller movements inside the small, the time, the matter that is us, no need to go beyond the fact of us in such

That mantra, *us*—

apparently you shouldn't rest

    As if lumping snow, rolling snow, or throwing the lump of rolled snow.
    The body of the snowball shatters.

pale and plump. Like a baby's toes.
like the mood of a dandelion puff
    like traces of time

글자들이 종이 아래에서 미친 듯이 웃고
있는 소리.

악을 쓰는 소리

각각의 꺾임면 위로 떨어진 빛이 부서지는 소리
오래되고 새것인 목소리

되어 가고 있다. 바스락거리는. 되지 않고 있는 꼭 그만큼의 속도로. 달려 나가는. 무수한 몸짓들로 다시 떠오르는. 다르게 흐르는. 다시 태어나는. 나의 자리. 나의 종소리. 나의 가장자리. 나의 날개. 나의 황금빛 섞인 노란색의. 깊은 말.

소리는 나를 다시 울리면서 사라진다.

내 꿈 속에
내 메타포 속에
내 편지 속에

잠꼬대를 헤집는 손, 손을 덮치는 잠, 잠 바깥의 잠보다 작게 웅크린 몸, 몸이라는 야생, 그 작은 야생, 작은 것 안의 더 작은 움직임을, 시간을, 우리라는 물질을, 우리라는 사실을 넘을 필요 없는

'우리'라는 만트라—

쉬지 말라는데?

눈을 뭉치듯, 눈을 굴리듯, 구르며 덩어리진 눈을 던지듯이. 눈덩이의 몸은 부서진다.

통통하고 하얗다. 아기의 발가락 같다.
민들레 홀씨의 기분과도 같은
　시간의 기척 같은

one that is rippling out and fleeting—
one that is fleeting and reemerging—
there is a singular me

**on a moving coastline
next to an anxious windowsill**

        dust that i birthed—the one i've just birthed

nameless open fields shifting with the number of steps I took

We went to the seaside to say it was not.
    Was. Good

                            apparently you should stop playing

    Not. Day

        To whom, exactly?
    <small>You recall what? ...</small>
        Indeed, to whom?

            Can you see it?
                            apparently you need to discern
            Can you hear it?

is [...] ing?

        for it is still, <small>Stone interrupts me listening to mom's story.</small> without noise
searching between dreams, eyes open on a night of suffering
    No matter where I look, there's no new damage

This

둥글게 번지면서 사라지는 하나의
사라지면서 다시 나타나는 하나의
하나의 내가 있다

**움직이는 해안선 위에
안절부절못하는 창가 옆에**

   내가 낳은 먼지들 방금 낳은 먼지들

걸어온 걸음의 수만큼 옮겨 온 드넓은 들판에 대해

우리는 아니라고 말하러 바다에 간 것이다.
  아. 안

                놀지 말라는데?

  니. 넝

     누구에게?
   너 기억하니,
     그러게, 누구에게?

         보여?

                구별하라는데?

        들려?

있을까요.

   조용하니까 엄마의 이야기를 듣는데 돌이 끼어든다. 시끄럽지 않으니까
앓는 밤 뜬눈으로 꿈과 꿈 사이를 찾아다니는
   어디를 둘러봐도 새로이 부서진 데가 없으니까

이것

Take us. Do take us please.

me and me and me
you and you and you

      You are quieter than light
I went, Woof Woof,
      When I go woof woof, you
            forget the Korean language.

She her head halfway peeking from between mountains
      By now, has she met her mother without trouble?
my mother. my site. my country. my word.
      It seems unlikely she has
She a single drop breaking from a towering wave

When rain softens the ground, this will collapse more easily.
Holding up a lantern, we
search for stones to anchor the tent.

A bit heavier ones—
we will have to fetch them.

    The falling snow will make this dense darkness part of a white pattern, Words, without a mouth, stand we just need to follow, this movement, Words remain enigmatic this foreign matter that is us, the tiny tiny trembling of foreign particles, the sound of tremors intersecting and tangling with one another, that we just need to listen to even when no one's left to solve the riddle

가져가. 가져가세요.

나와 나와 나와
너와 너와 너와

      너는 빛보다 조용하지
눈과 함께 멍멍 부서지면서.
      내가 멍멍 소리 내면 너는
            한국어를 잊으면서.

산과 산 사이 머리를 반쯤 내놓은 그녀
    엄마와 엄마의 엄마는 지금쯤 무사히 만났을까
나의 어머니. 나의 장소. 나의 나라. 나의 말.
    그러지 못했을 것 같다
덮치는 파도 떨어지는 물방울 하나의 그녀

비에 흙이 물컹해지면 이곳은 더욱 쉽게 무너진다.
랜턴을 들고 우리는
가장자리를 누를 돌덩이를 찾아다닌다.

조금 더 무거운 것
그것을 찾아와야 한다.

    내리는 눈이 이 빼곡한 어둠도 흰무늬의 일부로 만들 거라고, 입이 없어도 말은 남는다 그냥 따르면 된다고, 이 움직임을, 말은 수수께끼로 남는다 우리라는 이물질을, 이물질들의 작고 작고 작은 흔들림을, 떨림이 교차하며 서로를 헝크는 소리를, 그냥 들으면 된다고 수수께끼를 풀려는 사람이 남아 있지 않을 때에도

Noisy melting, noisy laughter, noisy wilting. Our noisy lot widens into our noisy lot in the noises of the sun, of her, of the rain. Noisy memory, noisy disarray, noisily shared, making that sound

an overtone fills the in between this is an inner chamber

The sound of numbers counting letters. Disjointed sounds remain legible in what's left of the sentence The sound of letters   collapsing into letters. The story, long gone, still lingers

She lingering on lips as hot tea slips by
She knocking at the front door on a stormy night
She within a fading peal

We jolt each other awake
and step outside.

I'd rather (⋯) **into shards of sound,** stuck in a child menu **into pieces of texture and volume and form,** ponder about a flag and toothpick umbrella on a parfait. **that make up a single piece** I'd rather **into numerous sharp edges.** Rather-ing has long been a habit of mine. **There is a rustling of a million sounds colliding.** It was a real umbrella—a foldable one.

Voices singing the round
talk about white strawberries
       It will pretend to be a poet somewhere else
named permanent snow because they resemble snow that endures even in spring.

소란스럽게 녹고 소란스럽게 웃고 소란스럽게 스러진다. 소란스러운 우리가 소란스러운 우리로 넓어지는 소란스러운 해와 그와 비. 소란스러운 기억과 소란스러운 착란을 소란스럽게 나누는

배음이 사이를 채운다 이곳은 안방이다

글자를 세기 위해 숫자를 외는 소리. 끊어진 소리는 남겨진 문장으로 알아볼 수 있다 글자가 글자 속으로 무너져 내리는 소리. 사라진 이야기는 사라진 적이 없었다

뜨거운 찻물 넘어가는 입술 위에 그녀
폭풍우 치는 밤 현관문 두드리는 그녀
곧 잊히는 종소리 안에 그녀

우리는 서로를 흔들어 깨워
바깥으로 나간다.

나는 차라리 소리 조각으로, 어린이 메뉴에 꽂혀 있는 조각의 질감과 크기와 형식, 깃발과 파르페 잔에 꽂혀 있는 이쑤시개 종이 양산을 생각한다. 하나의 조각을 구성하고 있는 차라리 여러 개의 모서리로. 차라리는 내 오랜 버릇이다. 수만 개의 소리가 부딪히는 바스락거림이 있다. 그건 진짜 접고 펼 수 있는 양산이다.

돌림노래를 지어 부르던 목소리들은
하얀 딸기에 대해 이야기한다.
　　　어딘가에서 시인 행세를 하겠지
봄에도 녹지 않는 눈을 닮아 만년설 딸기라 부른다 한다.

becoming
the rest of
the rest of
the
rest of
inside of
inside of
it

i want to play like this forever forever

Now, Fetch.

그 밖의
그 밖의
그
밖의
그 안의
그 안의
모든 것
되기

언제까지고 언제까지고 그렇게 놀고 싶다

자, 물어 와.

KIM LIYOUN

translated by
JENNY JISUN KIM

김리윤

VIEWS*

HORIZONS PRESSED TOGETHER
BREATHS PRESSED TOGETHER

                        Let's go,
                                          there's nothing here

Let's go
A light that makes sounds   It's just white
                                          Just a white snowy surface

                Do you smell something?

A doubled continuity—   You walk quieter than you do in my dreams
deep words
rustling,   but exactly the way you walk in my dreams
running forward,   but the ground given to you makes louder noises than the surface layer of my dreams
flowing differently   I want to know more

                                            You are quieter than light
                        When I go woof woof, you

A morning

                                let light slip across the wet tip of your nose and look quietly at me
where there is a small bird lifting the air as it leaves a branch behind, a shadow of a tree creating a reflection in the form of echoes, using echoes to compose a body, fragmenting time, stitching the fragmented time back together with echo fingers, layering a ripply shadow over the bird's body perched on the building across the street, rubbing off the scent of what was before, the air lifted by this side's bird becoming the slight tremble of that side's shadow, the branch pushed away by that side's bird becoming shadows entangled with this side's branch, a connection in the form of echoes, a layering, an entanglement, a persistence

    Piercing through your silence,

            the bead of saliva falls onto a blade of grass
You are quieter than light
                                              Guovssahasat

---

*

This poem is read by either two people or by one person whose recorded voice and live voice are performed simultaneously. With no specific instructions, the two voices read within a set time, waiting for, interrupting, listening to, and layering over each other. "HORIZONS PRESSED TOGETHER" is read like written text, whereas "BREATHS PRESSED TOGETHER" is read like spoken language. Reader(s) imagine(s) a listener who does not respond in the form of language. In this reading, sounds that are neither voice nor language may be incorporated.

전망들[*]

맞댄 수평선
맞댄 숨

        가자
                아무것도 없잖아

가자,
소리를 내는 빛
        그냥 흰
          그냥 눈의 표면이잖아

바스락거리는 무슨 냄새나?
                  너는 꿈속의 너보다 더 조용히
달려 나가는
다르게 흐르는   꿈속의 너와 아주 똑같은 모양으로 걷지만
깊은 말   네게 주어진 지면이 꿈의 외피보다 시끄러운 기척을 내잖아
두 겹의 지속이   더 알고 싶어

        너는 빛보다 조용하지
아침이 있다   내가 멍멍 소리 내면 너는

                축축한 코 위로 빛을 미끄러트리며 조용히 나를 보지

작은 새가 허공을 들어 올리며 작은 나뭇가지를 떠나는, 나무 그림자가 메아리라는
형식의 반영을 만드는, 메아리로 몸을 구성하는, 시간을 조각내는, 조각난 시간을
메아리의 손가락으로 이어 붙이는, 맞은편 건물에 앉은 새의 몸 위로 흐르는
그림자를 포개는, 직전의 냄새를 묻히는, 이쪽 새가 들어 올린 허공이 저쪽
그림자의 흔들림으로, 저쪽 새가 밀어낸 나뭇가지가 이쪽 나뭇가지와 뒤엉키는
그림자로 연속되는, 메아리라는 형식의 연결이, 중첩이, 얽힘이, 지속이 있는

    네 침묵을 뚫으며

        풀잎 위로 떨어지는 침의 기척
너는 빛보다 조용하지

                        Guovssahasat 구엡사하삿.

[*]

이 시는 두 사람 혹은 한 사람의 녹음된 목소리와 그가 현장에서 발화하는 목소리가 동시에
읽는다. 구체적인 지침 없이 낭독이 이루어지는 시간 안에서 서로를 기다리고, 방해하고, 듣고,
포개며 읽는다. 「맞댄 수평선」은 글을 읽듯이, 「맞댄 숨」은 말을 읽듯이 읽는다. 말은 언어의
형태로 대답을 들려주지 않는 청자를 상상한다. 이 읽기에는 목소리나 언어가 아닌 소리가
더해질 수도 있다.

of the bird's movement, the bird's disappearance, the bird's immediate past, a branch in the bird's past perpetually trembling in the form of the bird's echo, the vibration fluttering into the shape of the bird, the faint tremble of that shape, the red and blue morning spilling over that tremble, the lightness and darkness of a tree. There is a small vibration between the light and dark that becomes shadow, a relation to other shadows, a distance, a continuous chain, listening to all of this, understanding or even living another timeline, taking a walk within a timeline that moves sevenfold faster, a body endlessly wandering, a body that turns narrow and tiny gaps into clusters of faraway places, into infinity, A Sámi word for aurora that means "the light that makes a sounds," or "the light that can be heard"

They say the sound that light makes

resembles the clack clack of a reindeer's joints when in movement*

a wildness called time. Really, what we were trying to do was to push the wildness of reality out into the domain of illusion as hard as we could. As if lumping snow, rolling snow, or throwing the lump of rolled snow. The body of the snowball shatters. It slips across the particles of air. It turns into shards of sound, into pieces of texture and volume and form, into numerous sharp edges that make up a single piece. There is a rustling of a million sounds colliding.

So, you see such things

Before the invention of sound-playing devices, sound was one with object. The sound of stepping on snow meant there was snow. Sound was something that occurred, not a description of something. It was unquestionable. Sound and form were the same. Sound and existence were inseparable. A sound was like a snowball made from numerous things lumped together. Where there was rustling, there were also footprints, a leaf rolling across a field of snow, an animal's nose brushing through snowdrifts, a breath rustling grass leaves, the event of snowflakes falling and colliding into one's hair, a kinetic pull among snowflakes sitting on one's eyelashes, that is, the act of snow mimicking the wild, snow created in order to mimic the wild, snow that is the one and only original wild, and a hand tracing it.

I can almost hear the movement when I look closely

at your quivering nose that tangles the air around you

that predicts the trajectory and shifts it too

---

*

Rebecca Marr, "The Magic of the Merry Dancers," University of the Highlands and Islands, accessed June 2, 2025, https://www.uhi.ac.uk/en/research-enterprise/cultural/institute-for-northern-studies/blogs--exhibitions/old-mimirs-well-articles/the-magic-of-the-merry-dancers/.

새의 움직임, 새의 사라짐, 새의 직전, 새의 과거에 속한 나뭇가지가 새의
메아리로서 오래 흔들리는 것, 이 진동이 포르르 구성하는 새의 형상, 형상의
미미한 흔들림, 흔들림 위로 흐르는 붉고 푸른 아침이, 나무의 음영이 있다. 음영의
미세한 진동이 그림자로, 다른 그림자와의 관계로, 간격으로, 꼬리 물기로 이어지는,
이 모든 것을 듣는, 다른 시간을 살거나 이해하는, 일곱 배의 속도로 흐르는 시간
사이에서 산책하는, 끝없이 반복되는 배회의 몸, 작고 좁은 간격을 먼 곳들의
집합으로, 무한으로 만드는 몸이,　　　　　　사미족이 오로라를 불렀던 말인데
　　　　　　　　　　　소리를 내는 빛, 아니면 들을 수 있는 빛이라는 뜻이야

　　　　　　그들은 빛이 내는 소리가
　　　　　　　　　　순록의 관절이 움직일 때 나는 '딱딱' 소리와 비슷하다고 했지*

시간이라는 야생이 있다. 우리가 정말 하려고 했던 일은 환상의 영역으로 최선을
다해 현실의 야생성을 밀어내는 것이었다. 눈을 뭉치듯, 눈을 굴리듯, 구르며
덩어리진 눈을 던지듯이. 눈덩이의 몸은 부서진다. 허공의 입자들 위를 미끄러진다.
소리 조각으로, 조각의 질감과 크기와 형식, 하나의 조각을 구성하고 있는 여러
개의 모서리로. 수만 개의 소리가 부딪히는 바스락거림이 있다.

　　　　　　　　　너는 그런 것을 보는구나

소리를 재생하는 도구가 발명되기 전, 소리는 대상과 하나였다. 눈 밟는 소리가
난다면 눈이 있다. 소리는 발생하는 것이었다. 무엇에 대한 묘사가 아니었다.
의심되지 않았다. 소리와 형상은 같은 것이었다. 소리와 존재는 분리되지 않았다.
하나의 소리는 여러 존재를 뭉쳐 만든 눈덩이 같았다. 바스락거리는 소리가 있다면
사람의 발자국이, 쌓인 눈 위로 구르는 잎사귀가, 눈 사이를 스치는 동물의 코가,
콧김에 흔들리는 풀잎이, 머리 위로 내리는 눈이 머리카락과 부딪히는 사건이,
눈썹에 앉은 눈의 입자들이 서로를 끌어당기는 운동이, 그러니까 눈이 야생을
베끼는 동작이, 야생을 베끼기 위해 생성되는 눈이, 야생의 유일한 원본으로서의
눈을 따라 그리는 손이 있었다.　　　　　　　　보고 있으면 움직이는 소리가 들릴 만큼

　　　　　　빠르게 떨리는 코가 네 주변의 허공을 헝클고
　　　　　　　　　　궤적을 예언하고 궤적을 변경하지

　　*
Rebecca Marr, "The Magic of the Merry Dancers,"
University of the Highlands and Islands,
https://www.uhi.ac.uk/en/research-enterprise/
cultural/institute-for-northern-studies/blogs--
exhibitions/old-mimirs-well-articles/the-magic-of-
the-merry-dancers/, 2025년 6월 2일 접속.

We had sound with us. The reality that we are us. The feeling that cannot be recorded, is inevitably remembered, and never dulls. Words that cannot be reproduced, drift away, are experienced, and exist only inside simultaneity. There was sound in the gap between us. Sound with a blurry shadow. Sound with soft outlines. Sound that spreads easily. We see each other's echoes. We hear each other's blinking. The moment our eyelids begin to open, the pupil that sits in the gap between our upper and lower eyelids.   You are quieter than light
     as if you were the glowing wick of the dark
There is a rustling sound   only your movements have sound
when the blanket beneath our feet traces our movement
when our movement becomes a form
the blanket can never have
                    Can you see?
                    Can you hear?

               The sound of melting
        The sound of a snowflake growing more facets
            The sound of light falling onto each facet

  Before the invention of sound-saving devices, sound was one with object
            The sound of a glass shattering meant there was a glass
        Sound and being were inseparable
                Sound was the present that had the same body as memory

        That is, a sign only of fact

  Meaning, the buzz of a bee you hear is more real than the sight of the bee you see

        Things you can see in the sound
        The images it stirs in your memory

Form has vibration, isn't it too dark, there's a small fire here, small but able to burn this place down, there is a rustling sound. The falling snow will make this dense darkness part of a white pattern, we just need to follow, this movement, this foreign matter that is us, the tiny tiny trembling of foreign particles, the sound of tremors intersecting and tangling with one another, that we just need to listen to.

우리에게는 소리가 있었다. 우리가 우리라는 현실이. 기록될 수 없는, 기억되고야
마는, 무뎌지지 않는 실감이. 재현될 수 없는, 흘러가는, 체험되는, 오직 동시 안에만
머무르는 말이. 우리가 가진 간격에는 소리가 있었다. 흐릿한 그림자를 가진 소리.
부드러운 윤곽을 가진 소리. 쉽게 번지는 소리. 우리는 서로의 메아리를 본다.
서로의 눈이 깜빡이는 소리를 듣는다. 닫혔던 눈꺼풀이 열리기 시작하는 순간을,
눈꺼풀과 눈 밑 사이의 틈새로 존재하는 눈동자를. 너는 빛보다 조용하지

어둠의 빛나는 심지라도 된 것처럼
너의 움직임만이 소리를 갖지

바스락거리는 소리가 있다
발밑의 이불이 우리의 움직임을 따를 때
우리의 움직임이 이불은 가질 수
없는 형태가 될 때

보여?
들려?

녹는 소리
하나의 눈 입자가 조금 더 많은 꺾임면을 갖는 소리
각각의 꺾임면 위로 떨어진 빛이 부서지는 소리

소리를 저장하는 도구가 발명되기 전, 소리와 대상은 하나였어
컵이 깨지는 소리가 난다면 컵이 있는 거지
소리와 존재는 분리되지 않았어
소리는 기억과 한 몸으로 동작하는 현재였지

그러니까 오직 사실에 대한 기호

네가 보는 벌보다 네가 느끼는 벌의 날갯짓 소리가 더욱 사실이라고 할 수 있는 거지

네가 그 소리에서 볼 수 있는 것
소리가 작동시키는 너의 기억 이미지

형태가 가진 진동, 너무 어둡지 않냐고, 여기 작은 불이 있다고, 작지만 여길
모두 태울 수 있는 불이라고, 바스락거리는 소리가 있다. 내리는 눈이 이 빼곡한
어둠도 흰무늬의 일부로 만들 거라고, 그냥 따르면 된다고, 이 움직임을, 우리라는
이물질을, 이물질들의 작고 작고 작은 흔들림을, 떨림이 교차하며 서로를 헝크는
소리를, 그냥 들으면 된다고.

        You are always quiet
                                When I hear a woof woof, I think you're not there

                What clings to you are
faintly swelling breaths, sleep-talk, the sound of rolling feet pushing air away,
                                  the sound of friction on fabric,
           the vibration between your claws and the ground,
        the jiggle of the saliva pooling on your lip, the dust pulled together by the saliva

How old were you this year
                The same time and place
pass through our bodies at different speeds

                  The reality that is our bodies

                            Do you know fear?
                                Are you hungry?
      Are you tired now?

     What do you smell?
       What do you see?

I wore this for the first time in ages and found a brittle piece of paper in the pocket
                      It crumbled into dust between my fingers

     It was so soft
              You're so soft, too

That we just need to see. The faint tapping, the small fingers tapping on the skin, the pulse beneath it, the traces of movement gliding toward the fingertips, the rhythm repeating within those traces of movement. Things like the flow and warmth and form and motion within, the ripples there, the waves within the ripples, the ember within the waves, the offset frequencies within the ember, the pitch within the rustling noise, the waves moving along the pitch, the breath of air gliding along the waves, the slight shimmer of bubbles made of breath and water, the ticklish contact between the bubbles and the water, the shimmering bubbles bursting into laughter, the backside of the trembling water, the tremor between the ripples and the air, the sea an accumulation of wave layers, the flame surging in and out of the sea, the whistle shrilling through the flames, the stream of breath surrounding the whistle, the baby's bonnet on top of the breath, the sigh within the bonnet, the sleep-talk that tangles the sigh.

                                         Do you know fear?

                                    Beneath your paws
                a faint crackle of the frozen ground breaking
     melting and flowing
         like traces of time

                               너는 언제나 조용하잖아
                                             멍멍 소리가 들린다면 난 네가 거기 없다고 생각할 텐데

                                      너와 붙어 있는 건
                 미미하게 자라는 숨소리, 잠꼬대, 구르는 발이 허공을 밀어내는 소리,
                                                           직물과 일으키는 마찰음,
                                 발톱과 바닥 사이의 진동,
                         입가에 맺힌 침의 흔들림, 침이 끌어당기는 먼지들,

           네가 이제 몇 살이더라
                       같은 시간 같은 장소가
                  우리의 몸을 다른 속도로 통과한다는 것

                                     우리의 몸이라는 현실

                                                 두려움 알아?
                                                                   배고파?

                        이제 힘들어?

                        무슨 냄새나?
                              뭐가 보여?

           이 옷 진짜 오랜만에 입었는데 주머니에 손을 넣었더니 다 삭은 종이가 있더라
                                   손가락 사이에서 금방 가루가 되더라고

                           진짜 부드러웠어
                                        너도 진짜 부드럽잖아

그냥 보면 된다고. 이 미미한 두드림을, 피부를 두드리는 작은 손가락, 피부 아래의
박동, 손가락 끝을 향하는 기척, 기척 안에서 반복되는 리듬을. 그 안의 흐름과   두려움 알아?
온기와 형태와 움직임 같은 것, 그곳의 물결, 물결 안의 파도, 파도 안의 잉걸불,
불씨 안에서 어긋나는 주파수, 바스락거리는 소음 내부의 높낮이, 높낮이를 따라
운동하는 파도, 파도 표면을 흐르는 숨, 숨과 물이 만드는 작은 거품의 일렁임,
거품과 물이 부대끼는 간지러움, 일렁이며 터지는 거품과 웃음소리, 흔들리는 물의
뒷모습, 잔물결과 허공 사이의 떨림, 파도의 중첩이 이루는 바다, 바다 안팎으로
이는 불길, 불길 사이로 부는 휘파람, 휘파람을 감싸며 흐르는 숨, 숨 위의 애기
모자, 모자 안의 한숨, 한숨을 헝크는 잠꼬대.
                                                            너의 발 아래
                                                      언 땅이 깨지는 미미한 파열음
                    녹고 흐르는
                             시간의 기척 같은 것

The sound of our future

                                  our distance fracturing

                                                   Come here

Everything is small, unrecorded, remembered, a hand that stirs the sleep-   Let's go
talk, the sleep that spills over the hand, a body curled smaller than even the
sleep outside of sleep, the wildness that is the body, that small wildness, the
even smaller movements inside the small, the time, the matter that is us, no
need to go beyond the fact of us in such   You always move as if the ground is elastic
                                      as if having to deal with your paws bouncing off the earth

a morning   as if you spent your whole life letting time leak out of you

                as if there was nothing and nothing ever piled up

The scent of footsteps
running softly   swiftly
crumbling beneath
                                swiftly

the ripple that begins beneath that crumbling   you run forward

　　　　　　　　　우리가 가졌던 이후가
　　　　　　　　　　　　　　　　　　　　　　간격이 부서지는 소리

　　　　　　　　　　　　　　　　　　　　　　　　　　　　　이리 와
모든 작은, 기록되지 않는, 기억되는, 잠꼬대를 헤집는 손, 손을 덮치는 잠, 잠　　가자
바깥에는 잠보다 작게 웅크린 몸, 몸이라는 야생, 그 작은 야생, 작은 것 안의 더
작은 움직임을, 시간을, 우리라는 물질을, 우리라는 사실을 넘을 필요 없는
　　　　　　　　　　　　　　　　　　　　너는 언제나 지면에 탄성이 있는 것처럼
　　　　　　　　　　　　　땅으로부터 튕겨 나오는 발을 감당하듯이
아침이 있다
　　　　　　　　　　　　　　평생 시간을 줄줄 흘리며 다녔던 것처럼

　　　　　　　　　　아무것도 없고 아무것도 쌓이지 않는 것처럼
가볍게 달려 나가는
발자국 냄새　　　　　　　　　　　　　　가볍게
밑에서 부서지는
　　　　　　　　　　　　　　　　　가볍게

부서짐 아래에서 시작되는 물결이　　　　　　　　　　　달려 나가지

VIEWS

BREATH AND THREAD

  I end up knowing it, just like that. At midday when feathers plucked from swans scatter in every direction, when the hat falls off your head and flies in the same direction as the feathers, when it finally lands flat on the grass, the hat woven with pure white angora fur, when its dimensionality travels from the round shape of your head into the pure white fur flittering in the grass, that is, when a hollowed shell ruffles its surface and becomes three-dimensional form, when it makes an unexpected movement across the ground, that scattering, that soft mass, when that wispy movement is indistinguishable from the flickering feathers dispersed across the grass around us, when everything gets fuzzy and then even fuzzier as it becomes one big tumbleweed vanishing into the distance, when you start running with those things to grab the hat and suddenly burst out laughing, a laugh as if the swan's breath tickled you, when the sound of your laughter and your static-charged hair dance in the same rhythm, when the static is the hat's echoes, when the static and the hat's memory of your round head create similar movements, when the angora fur shimmering against the grass and your fine hair wavering against the sky are reflective surfaces for each other, without knowing we are in that kind of rhythm, mistaking someone's deeply inhaled cigarette smoke scattering into the air for the hat, your hair sways like cobwebs before someone's breath as you bend over in laughter, but how come those birds don't have a single bald spot when there are so many feathers on the ground? Is it possible that either the feathers or the swans are fake? Ceaseless laughter, more and more feathers plucked

전망들

숨과 올

　그냥 알아 버린 거였다. 백조들이 뽑아낸 깃털이 사방팔방 흩날리는 한낮에, 네 머리에서 떨어진 모자가 그 깃털들과 같은 방향으로 날아갈 때, 이윽고 풀밭 위로 납작하게 착지할 때, 새하얀 앙고라 털실로 짠 모자, 그 모자의 입체가 네 머리통의 둥근 형상에서 풀밭 위의 나풀거리는 새하얀 털로 옮겨 갈 때, 그러니까 내부를 잃은 껍질이 표면을 헝클어 입체를 이룰 때, 지면에 예외적인 움직임을 만들 때, 그 흩날림, 그 부드러운 양감, 그 가느다란 운동이 우리가 속한 풀밭 여기저기에 흩어진 깃털의 나부낌과 구별되지 않을 때, 계속 혼동되며 더 혼동되며 풀밭 위를 함께 구르며 멀어질 때, 모자를 줍겠다며 이 모든 것을 따라 달리던 네가 웃음을 터뜨릴 때, 백조의 숨이 너를 간지럽힌 듯한 웃음소리, 그 소리와 정전기 때문에 일어선 네 머리카락이 같은 리듬으로 흔들릴 때, 모자의 메아리로서의 정전기가, 네 머리통을 기억하려는 모자의 관성이 서로 닮은 움직임을 만들 때, 풀을 배경으로 일렁이는 앙고라 털실과 하늘을 배경으로 출렁이는 얇은 머리카락이 서로를 반영하는 표면일 때, 그런 리듬 안에 우리가 있다는 것을 느끼지도 못하면서, 누군가 깊이 들이마시고 내쉰 연기, 공중으로 흩어지는 담배 연기를 모자로 착각하기도 하면서, 허리를 구부리며 웃는 너의 머리통에선 입김 앞의 거미줄처럼 머리카락 흔들리고, 이렇게 깃털이 많이 빠져 있는데 저 새들 모두 어쩜 땜통 하나 없이 말끔하지? 깃털과 백조 중 하나는 가짜 아니야? 계속 터지는 웃음, 백조들 점점 더 많은 깃털을 뽑아 풀밭을 채워 가고, 계속 단 하나인 모자, 평평한 채로 나부끼는 모자 하나, 서로를 묘사하는 깃털과 모자, 그 힘의 일렁임, 우리가 진짜라고 느끼는 것, 이제 집에 갈까? 그래, 무심코 너의 머리칼 사이로 손을 넣었을 때

from swans covering the grass, still only one hat, just one flat hat flittering in the wind, the feathers and the hat describing each other, the shimmer of white, the things we take to be real, should we go home now? Okay. When I reach my hand through strands of your hair, your scalp touches my fingertips, a little damp with sweat from the weather too warm for an angora hat, the firm and round bone underneath, the movement of your hair, I mean, the movement of wind that brushes through your hair that tickles my fingers, when our splintered laughter breaks the sunlight into particles and mingle with the sparkling midges

I end up seeing it, just like that. The house that begins when the hat is turned inside out.

손끝에 닿는 피부, 앙고라 모자를 쓰기엔 좀 더운 날씨 탓에 축축하게 땀 맺힌 그 피부, 얇은 피부 아래의 단단하고 둥그런 뼈, 손가락을 간지럽히는 머리카락의 아니 머리카락에 실린 바람의 움직임, 우리의 부서진 웃음이 햇빛을 입자화하며 반짝이는 날벌레들과 뒤엉킬 때

그냥 봐 버린 거였다. 모자를 뒤집으면 시작되는 집을.

KIM SONO

translated by
EUNICE LEE

김선오

DA CAPO

We went to the seaside every day, but not because we liked the sea.

But because the sea was a white sea.
Because the sea was not a white sea.
Because the white sea was the skin of the not-white sea.
Because the not-white sea was ruffling the white sea.

The white sea seemed clumsier than the white sea.
The not-white sea rustled louder than the not-white sea.
The upturning motion was the progression of tides,
but it was not us.
It was not. We went to the seaside to say it was not.

Was. Good

Not. Day

SAL
    UT S'EN VA

Four hands held four pebbles. We held four totalities, or so it seemed. For these pebbles lived at the edge of the sea. For these pebbles took the sea to its edge. We walked along the side profile of the cliff. To copy the slope of the side profile. To hang on the side profile as brief droplets. The cliff was bending in slow movements along shadows. Four pebbles rehearsing four warmths. Four pebbles taking four of the …, four hands

다 카포

우리가 그 바다에 매일 갔던 건 바다를 좋아해서가 아니다.

그 바다가 흰 바다였기 때문이다.
그 바다가 흰 바다가 아니었기 때문이다.
흰 바다가 희지 않은 바다의 가죽이었기 때문이다.
희지 않은 바다가 흰 바다를 헝클어뜨리고 있었기 때문이다.

흰 바다는 흰 바다보다 어설펐다.
희지 않은 바다는 희지 않은 바다보다 바스락거렸다.
엎치락뒤치락하는 형상은 파도의 행렬일 뿐 우리가 아니었다.
아니었다. 우리는 아니라고 말하러 바다에 간 것이다.

아. 안

니. 녕

SAL
    UT S'EN VA

    네 개의 손에 네 개의 돌을 쥐고서. 우리는 네 개의 전모를 쥐었다고 생각했다. 바다의 끝에 살던 돌들이었기 때문이다. 바다를 끝으로 이끄는 돌들이었기 때문이다. 우리는 절벽의 측면을 따라 걸었다. 측면의 기울기를 베끼려고. 측면 위에 잠시 맺혀 보려고. 절벽은 그림자를 따라 느리게 꺾이는 운동을 하고 있었다. 네 개의

with four ..., for the ... the four, of the four, for four of the ... For four of your four dogs were to be born, or so it seemed. I wanted to say, Down, to four of your four dogs. But with your four ears you were listening to me. Listening for me you poured forth a sound calling for yourself. Good ... Day ... Which shadow's side profile are you.

We paused under the sun, but not because we liked the sunlight. Not because the sunlight clumped like a pebble, not because we could barely pause alongside the clumping sunlight. We lifted our arms. Held up our hearts. The weak heart and strong heart beat together. Arm overlapped with arm. Neck misaligned with neck. Dance was a conjunction between body and sea. Take us. Do take us please. As we surge, as we cry, Good Day, Good Day. As we burn ourselves in the sun. As we are robbed of ourselves. As we diagram the human anatomy upon the white sea. As we cure concrete. As we build an enormous snowman. As we break it. As we lie belly down as snow. As we and the snow are broken, Woof Woof. As we forget the Korean language. As we bark and drool and drown in sweat.

We became the head and tail of the white dog. I was the head, you were the tail. Four legs were pushing us away from the earth. I went, Woof Woof, and you shook. When you shook, I turned around. Rejoicing at once, turning into a side profile at once. Now, Fetch.

A pebble flies.
Hauled by a single soul, we speed along blue tides.

돌이 네 개의 온기를 되풀이하고 있었다. 네 개의 돌이 네 개의 …를, 네 개의 손이 네 개의…, 네 개의… 네 개는, 네 개의, 네 개로… 네 개와 네 개의 네 개가 태어날 것 같았지만. 네 개의 네 개에게 엎드려 하고 싶었지만. 네 개의 귀로 네가 나를 들어 주고 있었다. 나를 들으려고 너를 부르는 소리를 내고 있었다. 안…녕… 너는 어떤 그림자의 측면이니.

우리가 햇볕 아래에서 멈춘 건 햇볕을 좋아해서가 아니다. 햇볕이 돌처럼 뭉치고 있어서 뭉치는 햇볕 곁에서 우리가 가까스로 멈춰 있어서가 아니다. 우리는 팔을 들어 올렸다. 심장을 들어 올렸다. 약한 심장과 강한 심장이 함께 뛰었다. 팔과 팔이 겹쳤다. 목과 목이 어긋났다. 춤이 몸과 바다의 접속사였다. 우리를 가져가. 가져가세요. 우리가 안녕 안녕 외치며 솟구치는 동안. 그을리면서. 우리를 빼앗기면서. 흰 바다 위에 인체 해부도를 그리면서. 콘크리트를 양생하면서. 거대 눈사람을 빚으면서. 부수면서. 엎드린 눈이 되면서. 눈과 함께 멍멍 부서지면서. 한국어를 잊으면서. 짖고 침 흘리고 땀에 잠기면서.

우리는 어느새 흰 개의 머리와 꼬리가 되어 있었다. 나는 머리 너는 꼬리. 네 개의 다리가 땅으로부터 우리를 밀어내고 있었다. 내가 멍멍 하면 너는 흔들리고. 네가 흔들리면 나는 돌아보고. 동시에 환희하고 동시에 옆모습이 된다. 자, 물어 와.

돌이 날아간다.
하나의 영혼에 실린 우리가 새파란 물결을 따라 달려 나간다.

TOUCHING WHILE ETCHING*

There are two people in the library. One person turns the page.

She turns the page so slowly the book lies open and open	She turns the page so quickly that the book
	disappears.
for so long an old sunlight comes to erase the letters.	
	She closes her eyes. She closes her eyes. She closes her eyes.
One person slowly turns the page. The page falls apart outside one person's eyes. Collapsing, the page holds out the next letter. The held letter is touched.	Sunlight etches concentric circles behind her eyelids.

---

* This piece was written for two performers. One follows the left-hand flow, and the other follows the right-hand flow. Each performer reads in their own rhythm, while also listening to the other's voice, regarding or disregarding the overlaps and gaps. Performers may read in silence whenever they wish.

만지며 긋는*

도서관에 두 사람이 있다. 한 사람이 책장을 넘긴다.

그가 너무　　　느리게　　　　　　책장을 넘기는 바람에 책은　　　　　　오랫동안 　　　　　너무 오랫동안	그가　　너무 빠르게 책장을 넘기는 바람에 　책은
펼쳐져 있어 오래된 햇볕이 글자를 지우러 온다.	사라진다.
	그는 눈을 감는다. 그는 눈을 감는다. 그는 눈을 감는다.
한 사람이 책장을 느리게 넘긴다. 책장은 한 사람의 눈 밖으로 　허물어진다.　　책장은 쓰러지듯이 다음 글자를　　　내민다. 내밀어진 글자를 만진다.	햇볕이 그의 눈 안쪽에 동심원을 그린다.

*　
이 시는 2인 낭독을 위해 쓰였다. 한 사람은 왼쪽의 흐름을, 다른 한 사람은 오른쪽의 흐름을 맡는다. 각자의 리듬대로, 그러나 서로의 목소리를 들으면서, 중첩과 공백을 무시하거나 의식하면서 읽는다. 묵독을 원하는 순간에 언제든 묵독하여도 좋다.

The letter imagines　　　one person.
The letter pastes together
　two people.
Sunlight grasps　　　ink　　with its
thousand fingers.　　The letter ceases
to be a letter in a book,　　becomes a
letter of sunlight.

The sound of numbers　　　counting
letters. The sound of letters collapsing
into letters.

　One person slowly turns the page.
The page slowly turns.　The sound of
letters moving in and out of letters.
　The sound　of letters ceasing to be
letters.

The sound of letters　　worshipping
no letters. Even silent reading
wrinkles the tongue.

The sun laughed,
she thinks.

Why does she call　　　the sun and
herself *us*?
That mantra, *us*—

　　　　　　　　Yet to be written,
letters laugh underneath the page.
　　The sound of their mad laughter.

The sound names　　some scent of ink
—resembling some fragrance of a fruit
she likes, whose name escapes her.

Under her tongue　　　an ink-scented
pool of saliva instead.

글자가 한 사람을　　상상하고 있다. 글자가 두 사람을
　이어 붙이고 있다.
잉크를 움켜쥐는　　햇볕의 수천　　개의 손가락　　　　글자는 책의 글자이기를 멈추고 햇볕의 글자가　　된다.

　　글자를 세기 위해　　숫자를 외는　　소리.
　글자가　글자 속으로 무너져 내리는 소리.

　한 사람이 책장을 느리게 넘긴다. 책장이 느리게　넘어간다. 글자의 안팎을 넘나드는　글자의　소리. 글자이기를 멈추려는 글자의　　소리.

글자가 글자를　　섬기지 않는 소리.
　속으로 읽어도 혀에　　주름을 만든다.

그는 해가 웃었다, 고
생각한다.

그는 왜 해와 자신을　　　　'우리'라고 부르는 걸까?
'우리'라는 만트라—

　　　　　　　아직 적히지 않은
　글자들이 종이 아래에서 미친 듯이 웃고
　　　　　　　　　　있는 소리.

그 소리로 불리는　어떤 이름의 잉크 냄새
—그가 좋아하는　　　어떤 과일의 향을 닮았지만, 과일 이름은 떠오르지 않는다.

대신 그의 혀 아래에　　　잉크 냄새나는 침이 고인다.

The letter   tumbles out of a letter. Today etches one stroke and tomorrow another but this stroke was already etched   yesterday. Today   one person in yesterday's parentheses. Tomorrow   two people laugh at today's joke.

There were none, meaning there were some will be—the word *none* is too noisy for nothingness.

   That memory; for me it was
   one raindrop fallen on one letter
      it   was one   staining.

Staining. *Mogwa*, quince,   from the moment someone first hears the name to the day they plant a *mogwa* tree in the garden with their own hands— someone pointing at its first quinces and asking—   "What was the name of that fruit?" another answering, "*Mogwa*." The other asking again, "*Sagwa?* Apple?" "No. *Mo, gwa.*" separating the two syllables, *mo* and *gwa*,   with silence
      —whence does it come?

So noisy. Noisily it rains on us, on our lot, and her lot wilts. The verb *to wilt* means to release a being into a wider place. Rain flows into her lot. The sun and she and the rain make noise in the lot. Noisy melting, noisy laughter, noisy wilting. Our noisy lot widens into our noisy lot in the noises of the sun, of her, of the rain. Noisy memory, noisy disarray,   noisily shared, making that sound
      —whence does it come?

Whence do they come? Voices singing the round   to forget the unforgettable fact that we only live once.

글자가　글자 밖으로 넘어진다. 오늘　한 획이 그어지고　내일　한 획이 그어지지만 그것은 어제 이미　　그어진　한 획이다. 어제　그려진 괄호 속에 오늘의 한 사람. 오늘　말해진 농담 속에서 내일의 두 사람 이 웃는다.

　　없다는 건 있었거나, 있을 거라는 뜻이지만 —없다는 말은 없음에게 너무 소란스럽다.

　　그 기억은 나에게; 한 방울의 비가
　　한 개의 글자 위로　떨어져
　　　　생긴　한 번의　번짐이었어.

번짐이었어. 모과,　　　라는 이름을 처음 들어 본 누군가 어느 날 손으로 정원에 모과 나무를 심기까지—　　그 나무에 처음 열 린 모과를 지나가던 사람이　손으로 가리 키며— "저 과일 이름이 뭐였지?"라고 물 을 때,　그의 동행이 "모과."라고 답하고, "사과?" 라고 되묻는 말　"아니. 모, 과." 라고 띄엄띄엄 다시 답할 때　그 두 글자 사이　　모와 과　　사이의 침묵 　—그 침묵은 어디서 왔을까?

소란스러워. 소란스러운 비가 내려서 그의 우 리가 스러진다. 스러짐은 존재를 더 넓은 곳 에 놓아둔다는 동사다. 비가 그의 우리 안으 로 흘러 들어온다. 해와 그와 비가 우리 안에 서 소란스럽다. 소란스럽게 녹고 소란스럽게 웃고 소란스럽게 스러진다. 소란스러운 우리 가 소란스러운 우리로 넓어지는 소란스러운 해와 그와 비. 소란스러운 기억과 소란스러운 착란을　　소란스럽게　　나누는
　—그 소리는 어디서 왔을까?

어디서 왔을까? 한 번의 삶 이라는 망각되지 않는 사실을 망각하기 위해　　돌림노래 를 지어 부르던 목소리들은.

This one letter   heavier than that.
This one letter   wearier than that.
This one letter   more lonesome. Or
this one letter   sleeping deeper.
One letter lying still, almost a corpse.
       Whence does it come? The letter
that whistles between vowel and con
sonant.   Friend of both syllables,
mo and *sa*.   Neither the letter
a nor the letter ㄱ.   Standing on the
letter ㄱ, made of the letter *a*.   The
letter of a tongue no one claims as
their mother. The letter one screams
while falling on ice. The word for
you in every language cried at once
you you you you and you   piled on
one set of lips   as one face looks
back   the letter resembling   this
face. The one letter disappeared be
cause other letters were spoken. The
one letter still there despite it all.
Neither barking   nor flowing.   There
still there   already   there
not yet pronounced   unseasoned
or rather too   seasoned. So sea-
soned it appears to be dead. Made of
hundreds and thousands and myriads
   of strokes.

This one letter
This one letter
This one letter
This one letter

어떤 한 글자보다   무거운 한 글자는.
어떤 한 글자보다   지쳐 있는 한 글자는.
어떤 한 글자보다   혼자인 한 글자. 혹은
어떤 한 글자보다   더 깊은 잠에 빠진 한
글자는.   거의 시체에 가까워서 누운 채
 움직이지 않는 한 글자는.   어디서
왔을까? 자음과 모음 사이로 휘파람을 부
는. 모 라는 글자와 사 라는 글자의 친구
인   한 글자는.   a도 ㄱ도 아닌 한 글
자.   ㄱ 위에 올라선 a로 이루어진 한
글자.   그 누구도 자신의 모국어라고 말
하지 않는   언어의 한 글자.   빙판 위
로 넘어지는   순간의 비명으로만 발음되
는 한 글자. 모든 언어의   '너'를   한꺼번
에 외칠 때   너와 너와 너와 너와 네가
같은 입술 위에 얹힐 때   돌아보는 한
사람의 얼굴   같은 한 글자. 그 모든
한 글자를 말하느라   사라져 버린 한
글자는. 그럼에도 여전히 거기에 있는 한
글자. 짖지도   흐르지도 않는 한 글자.
거기에   거기에 있는   이미   거기
에 있는   아직 발음되지   않은   서툰
아니   능숙한. 지나치게 능숙해서
 이미 죽은 것처럼 보이는. 백 개의 천 개의
만 개의 획으로   이루어진

어떤 한 글자보다
어떤 한 글자보다
어떤 한 글자보다
어떤 한 글자보다

                                                                                           This one person

                                        Touch her instead,

To touch   that one letter
   one person   closes
   her eyes   in the sun.

                                                                                        and she touches.

어떤 한 사람을

만져 봐,

한 글자를   만지려
　햇볕　　속에서
　눈 감는　한 사람.

그가 만진다.

KIM SO YEON

translated by
INHYE HA

김소연

A RECORD HEAT WAVE

The wall clock has stopped
Someone might have been there
A window, left slightly ajar, and the water in the cup, gone.

A cat switches me on:
it sneaks inside and, in my robe, surveys the living room
On a rug where the sunlight falls
it pauses, momentarily, to stretch out its forelegs

Birdsong is streaming through the open window
I boil water, brew leaves, and sieve the tea
Listening to music, I lick the top of my foot, as if by habit

The house rings with noises from the upstairs—
Little feet stomp, then scamper, chasing the patter down the hall
    Scuffs, thuds, snaps, bangs, shouts

Today the plant mom used to tend has blossomed
My friend, who has lost hers, says it's a good sign

I happened to see her mother I'd never met in my dream
That must have been her:
Healthier, smiling brighter than I imagined
Olive arms, crop-haired—like a tennis player
standing on the green court

기록적인 폭염

벽에 걸린 시계가 멈춰 있다
누군가 다녀간 것 같다
창문이 조금 열려 있고 컵 안의 물이 사라져 있다

고양이가 나를 켠다
실내로 들어와 내 가운을 입고 거실을 둘러본다
햇볕이 얹어진 러그 위에서
앞발을 길게 뻗어 기지개를 켜느라 잠시 멈춘다

열린 창문을 통해 새소리를 듣고 있다
찻물을 끓이고 찻잎을 우리고 차를 내리며
음악을 듣다 습관처럼 발등을 핥고 있다

윗집에서 층간 소음이 들리기 시작한다
와다닥 뛰는 소리와 뛰는 소리를 뒤따르는 뛰는 소리
끄는 소리 떨어뜨리는 소리 닫는 소리 부딪치는 소리 부르는 소리

오늘은 엄마가 키우던 식물이 꽃을 피웠다
엄마를 잃은 내 친구가 이 꽃은 길조라고 말한다

나는 알지도 못하는 친구의 엄마를 꿈에서 보았구나
저 사람이 그녀의 엄마구나
짐작보다 건강하고 짐작보다 환히 웃는구나
구릿빛 팔, 짧은 머리, 테니스 선수처럼
초록 코트 위에 서 있었다

Under the sunlight she didn't say a word
Lifting her arm in the air, she waved a big hello

Words, without a mouth, stand:
Words remain enigmatic
even when no one's left to solve the riddle

Disjointed sounds remain legible in what's left of the sentence
The story, long gone, still lingers

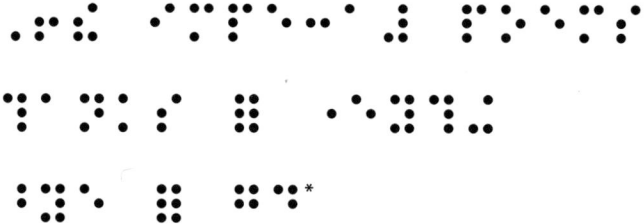*

Women always speak of their mothers to a woman they've just met:
    even one my mother's age
    even an old woman who has forgotten her own mother's voice

Mom said,
    it was time to join her mother, of all persons—
    not my late brother, not my dad

By now, has she met her mother without trouble?
It seems unlikely she has
for it is still, without noise
No matter where I look, there's no new damage

---

*
To the impeccable poems
I cherished once, and outgrew
Bye for good

그녀는 햇볕을 받으며 아무 말도 하지 않았다
팔을 위로 들고서 시원하게 한번 흔들었다

입이 없어도 말은 남는다
말은 수수께끼로 남는다
수수께끼를 풀려는 사람이 남아 있지 않을 때에도

끊어진 소리는 남겨진 문장으로 알아볼 수 있다
사라진 이야기는 사라진 적이 없었다

⠿⠿⠿ ⠿⠿⠿ ⠿⠿⠿

⠿⠿⠿ ⠿⠿

⠿⠿⠿⠿ ⠿⠿⠿⠿⠿ *

여자들은 처음 만나는 여자 앞에서 엄마 이야기를 꼭 했다
엄마 나이의 여자도
엄마의 목소리를 다 잊은 할머니들조차도

엄마는
죽은 오빠도 아니고 아빠도 아니고
하필 엄마 곁으로 갈 시간이 왔다고 말했다

엄마와 엄마의 엄마는 지금쯤 무사히 만났을까
그러지 못했을 것 같다
조용하니까 시끄럽지 않으니까
어디를 둘러봐도 새로이 부서진 데가 없으니까

*
주옥같은 시들
안녕 잘 가
그동안 고마웠다

I switch off the poem
to attain a different sound ensconced

I open my palm to the dimming light
Golden-hued time settles on it sheet by sheet

Me trapped inside
Me breaking things apart
Wind brushing my lips, the rest of my senses—
still without names
A light trapped inside
A light breaking things apart

Can I call it *we?*
To whom, exactly?
Indeed, to whom?

I'd rather not understand it
I'd rather remain not understood

I switch the cat on:
I slip into the sunlit garden and lick the top of my foot.
It tastes good. What have I done, not knowing this taste?
Roasted in sunlight, even a suitcase might taste good

Back arched, I stretch
I paw a bird and it returns to its flock

The cat, in my cardigan,
heads out to catch a train
It will pretend to be a poet somewhere else

나는 시를 끈다
숨겨 있던 다른 소리를 얻기 위해서

손바닥을 열어 저문 빛을 받는다
낱장이 되어 도착하는 황금빛의 시간이 손바닥 위에 놓인다

갇혀 버린 나
바스러뜨리는 나
입술을 스치는 바람과 그 밖의 감각들 이름이 부여된 적 없는 감각들
갇혀 버린 빛
바스러뜨리는 빛

우리라고 말해도 될까?
누구에게?
그러게, 누구에게?

이해하지 말자
이해되지 말자

나는 고양이를 켠다
햇볕 드리워진 마당에 나가 발등을 핥아 본다
발이 맛있다 이 맛을 모르고 살았다
햇볕에 구우면 여행 가방도 맛있어질 것이다

둥글게 허리를 세워 기지개를 펴다 말고
새 한 마리를 향해 주먹을 휘두른다 새는 자기들 무리에게로 돌아간다

고양이는 내 카디건을 챙겨 입고
기차를 타러 떠난다
어딘가에서 시인 행세를 하겠지

  The hedge and the wall won't stop me any more
  Water tastes faintly salty here; I decide to stay because of that
  The sun roasts the back of my hand—I take a bite

담과 벽은 이제 나를 가로막지 못한다
여긴 물맛이 약간 짭조름하다 그게 좋아 여기서 살기로 한다
햇볕에 손등을 구워 한 입 베어 문다

simultaneity

you've
always
been

somewhere,
returning
with its lingering smell

not long ago
you stand in a lightless hallway—
reeking of darkness, thick with mop stench
no one passes by, hence no lingering smell
the front doors closed tight, plastered with delivery promotion stickers
a bike sits still in the emergency stairwell

sounds long left unused
accrue in quiet,
making a sturdy wall

you try to say something about those living in it
the ones you've never met
the smell you come to know better because of that

동시에

너는
항상
어딘가에

다녀오고
냄새를
담아 돌아온다

조금 전
너는 불 꺼진 복도에 서 있고
불 꺼진 공간의 냄새가 나고 복도에서 풍기는 대걸레 냄새가 나고
지나가는 사람 없고 사람의 냄새는 그러므로 부재하고
다닥다닥한 현관문들이 모두 잠겨 있고 배달 음식 홍보용 스티커가 붙어 있고
비상계단에 세워진 자전거가 있고

오랫동안 사용하지 않아 온 소리들이
조용히 쌓여
두터운 벽이 돼 있다

너는 그곳에 사는 사람들에 대해 어떤 식으로든 말하려고 한다
만난 적 없는 사람들에 대해
그래서 더 잘 알게 된 냄새에 대해

you've
always
been somewhere
the season the same song is booming
out of the speaker outside

with little effort to know the song,
they grow used to it
by the time they could hum it

they are
tramping on the song—
the music, smashed to fine dust, blows along the street

someone opens an umbrella and meets a downpour,
making a puddle
powdered notes well up in it, soaked wet
one note, then another, and another
one point, then another,
and another

tomorrow, or the day after,
you're
likely to return carrying colors

when someone
tips a toe into you
the one who wants to understand
how far you've drifted and finally reached there
will become your color

너는
늘 어딘가에
다녀온다
옥외 스피커에서
같은 노래가 흘러나오는 계절

굳이 알려고 노력하지 않아도
사람들은 그 노래에 익숙해지고
입술을 움직여 따라 부를 수도 있을 정도가 되면

사람들은
음악을 밟고 다니고
운동화에 밟혀 으스러진 음악이 길거리에 분진처럼 흩날리고

누군가 우산을 펼치고 소낙비가 쏟아지고
물웅덩이가 만들어지고
부스러기가 된 음악들이 그 안에 축축히 고이고
음 하나 음 하나 음 하나
점 하나 점 하나
점 하나

너는
내일 어쩌면 모레
색을 담아 돌아올 것이다

누군가
너에게 발끝을 담글 때
네가 어느만큼 멀리 떠돌다가
지금 거기에 밀려와 있는지 알고 싶어 하는 누군가가
너의 색이 되겠지

you, colorless,
briefly borrow
the color of the matter you're touching
take it as your own,
because you've longed
to be the color of the toe you're tickling, just once

how good it is to be together
the afternoon intervened by the clock ticking—
time intrusive
my arms reach towards
the clock as if to reverse it

birds
teeny-tiny ones
things with feathers hop twig to twig
birds fly from my mouth each time I yawn

a feather—
then another
tweet—
then another

dust—
one that reveals itself in light during mealtime
dust that dries its wet body
dust that i birthed—the one i've just birthed
on the table
under the table

can you hear it?
can you hear it okay?

너는 색이 없으므로
닿고 있는 물질의 색을
자신의 색으로
잠시 빌리므로
네가 간지럽히는 발가락의 색이 언젠가 한번은
되고 싶었으므로

우리는 이렇게 좋은데
시계가 간섭하고 시간이 침범하는 오후
나는 두 팔을 뻗어
시계를 돌려세운다

새들
아주 작은 새들
가벼운 몸으로 잔가지를 옮겨 다니는 새들
하품을 할 때마다 입 바깥으로 뱉어져서 날아가 버린 새들

깃털 하나
깃털 하나
지저귐 하나
지저귐 하나

먼지들
식사 시간에만 햇빛 속으로 몸을 드러내는 먼지들
젖은 몸을 말리는 먼지들
내가 낳은 먼지들 방금 낳은 먼지들
식탁 위에
식탁 아래에

들리지?
잘 들리지?

you say,
you'll soon revisit the hospital
six hopeless patients in each room are still there
you will surely bring back the sounds of the ward

sounds, in concert with one another,
gather—
as if to fade,
or not—
and make a rhythm almighty that endures

i invite you to listen to this together, for it is good
you are not here now
as you are to come back, the room is awaiting you

i've been seated before the front door
this room has been too long

waiting for you
you're always
peering your vacant room
from somewhere out there

너는 곧
더는 손쓸 수 없는 사람이 여섯 명씩 누워 있는 병원에
다시 한번 다녀오겠다고 한다
이번엔 그곳의 소리들을 꼭 가져와 보겠다 한다

소리들은 협력하고 소리들은
서로를 붙들고
사라지려고 혹은
사라지지 않으려고
전능하고 무궁한 리듬을 만들고

좋은 것이므로 같이 들어 보자 한다
너는 지금 여기에 없고
너는 돌아올 것이므로 방은 너를 기다린다

나는 현관문 앞에 앉아 있다
방은 너무 오래

너를 기다린다
너는 항상
어딘가에서
너의 빈방을 지켜본다

LEE JENNY

translated by
INHYE HA

이제니

becoming-singingbowl

We begin with a singing bowl. In the way an assumption folds into an established fact. In the format you arrive, carrying a will that will never quite be attained. A bowl holds. If seen from the way an egg placed before the chicken. A bowl contains. If considering the property of oil and water. A bowl plants. If seen from the angle a small bowl gazes at a larger one. A bowl moves around things. A bowl is prone to stumble. When it stumbles, it roams—from kitchen to square. A square gathers people. Banners—small and large—swell with a yearning that has yet to be realized. A small reverberation spreads. Echoes ripple outward in widening concentric circles. A small bowl rings.

I've wanted to go to Tibet

Since eons ago,
I've wanted to get there—a place established long before I was born

There's a place that feels already lived—
Are we reliving, here and now, the home of a former life?
Are past, present, and future interwoven, thread by thread?

되기-노래하는 그릇 소리

노래하는 그릇으로 시작할 수 있다. 하나의 가정이 하나의 기정사실이 되는 방식으로. 끝끝내 도달하지 않는 의지로 기어이 도착하고야 마는 형식으로. 그릇은 품을 수 있다. 달걀과 닭의 입장에서는 그러하다. 그릇은 담을 수 있다. 물과 기름의 속성에서는 그러하다. 그릇은 심을 수 있다. 작은 그릇이 큰 그릇을 바라보는 시선에서는 더욱 그러하다. 그릇은 옮길 수 있다. 그릇은 넘어질 수 있다. 그릇이 넘어질 때 장소는 부엌에서 광장으로 이동할 수 있다. 광장은 사람을 불러 모은다. 크고 작은 깃발과 실현되지 않는 열망이 넘실거리는. 작은 울림이 점점이 번진다. 점점이 번지는 울림이 겹겹의 동심원으로 퍼져 나간다. 작은 그릇 하나가 울린다.

티베트에 가고 싶었어요

아주 오래전부터
태어나기 전부터 이미 있었던 그곳으로

어떤 장소는 가 보지 않았는데도 이미 가 본 것만 같다
사람들은 전생에 고향이었던 곳을 이생에서 다시 경험하는 것일까
그리하여 과거와 현재와 미래를 다시금 겹겹이 이어 나가고
있는 것일까

A bowl deepens into even more resounding sound. I place the hollow, round bowl in my palm—trembling with a potential. Its reverberations travel through my body. As the sound swells and sinks, I plumb the heights and depths of me. Embracing completely our singularity, we lift ourselves. Containing ourselves, we pour ourselves out. Sound as sound, self as self: the edges blur. By drawing lightly, we erase more clearly. Amid spreading waves of reverberation. As if waveforms a turning fork creates—absorbing sound, and adrift.

A sound ventriloquizes me, borrowing another's voice. An illegible language, becoming a sound, calls out to me. As if a vowels precede the body, a sound reaches the other side before a bowl. Passing through me, a sound carries me away from where I am. As if I am yearning for the other side from this side. It is not my body only that leaves from this side. Not only a bowl. Not only a scent. The sound, no longer singular, is returning from the other side. As it circles, cricles the edge of the round copper bowl and evaporates, tens of thousands of voices swell in. Sounds travel through me, and vanish. As if you reminisce the voice of someone who's left her body.

I am your sound

Since eons ago,
long before I was born
there was a wind swirling in my mouth

The sound—across the singing bowl—reaches you, becoming the face of things, hard to shake off. The face becomes a fond voice, inscribed in my ear. The voice that summons me, the fond voice that summons me, the fond and tender voice that summons me, the fond and tender and … becomes a voice all over again.

그릇은 더욱더 크게 울리는 소리가 되어 가고 있다. 나는 하나의
가능성으로 울리는 둥글고 우묵한 그릇을 손 위에 올려 두고 있다.
사물의 진동이 나의 몸을 울리고 있다. 소리의 진폭이 커져 가는 만큼
나는 나의 높이와 깊이를 이해한다. 고유함을 완전히 받아안는다면
스스로를 온전히 안아 올릴 수 있다. 스스로가 스스로에 담길 때
스스로는 스스로를 비워 낼 수 있다. 소리는 소리로서 나는 나
자신으로서 가장자리를 흐리게 그릴 수 있다. 흐리게 그리는 방식으로
점점 더 선명히 지워 낼 수 있다. 둥글게 원을 그리며 퍼져 나가는
파동 속에서. 제 소리를 흡수하면서 사라지는 소리굽쇠의 파형처럼.

하나의 소리가 누군가의 목소리를 빌려 와 나를 말하고 있다. 알
수 없는 언어가 하나의 음향이 되어 나를 부르고 있다. 몸보다 앞서
나가는 모음들처럼 하나의 소리가 하나의 그릇보다 먼저 저편으로
도착하고 있다. 소리가 나를 통과할 때 나는 내가 있는 장소를 떠난다.
이편에서 저편을 그리워하는 마음으로. 이편을 떠나는 것은 나의
몸만이 아니다. 하나의 그릇만이 아니다. 하나의 향기만이 아니다.
더는 하나의 소리만이 아닌 소리가 저편에서 다시 돌아오고 있다.
둥근 금속 그릇의 가장자리를 돌고 돌아 사라지면서 수만의 소리가
도착한다. 소리는 나를 다시 울리면서 사라진다. 이미 벌써 몸을 떠난
누군가의 목소리를 기억하듯이.

나는 당신의 소리입니다

아주 오래전부터
태어나기 전부터
내 입속에 맴돌던 하나의 바람이 있다

너에게로 건너간 울림소리는 잊을 수 없는 하나의 표정이 된다.
하나의 표정은 잊히지 않는 오래된 목소리가 되어 가고 있다. 나를
부르던 목소리가 나를 부르던 익숙한 목소리가 나를 부르던 익숙하고
다정한 목소리가 나를 부르던 익숙하고 다정하고… 다시 목소리가
되어 가고 있다.

We begin with a small round bowl. We begin, while contained in a bowl. We begin again with me—tuning into a sound which is not a sound. As if the voice, disembodied, returns all over again. As if I am aware of my sound leaving my body moment by moment. A small round bowl ceases to ring. A small round bowl ceases to sing. As if I had sealed a small breath inside my body.

A singing bowl ceases to be a singing bowl. As if I shedding tears cease to be me shedding tears. I resound. Along with the traces. ... Of small round copper bowl in my palm, of ringing, of shedding, of unfolding, of rolling, of receding, of being entranced. I resound. As if all those sounds—brushing the contours of things—appear, flee, reappear, and vanish. As if the movement of moveable types dictates the sounds we cannot hear.

There is a place, relentlessly resounding

as if a memory of *a priori* memory
as if a sound that lifts me each moment
as if a mind, renewed in attention, rendered inaudible

one that is rippling out and fleeting—
one that is fleeting and reemerging—
there is a singular me

하나의 작고 둥근 그릇으로부터 시작할 수 있다. 그릇 속에 담긴 채로도 시작할 수 있다. 소리 아닌 소리가 되어 가고 있는 나로부터 다시 시작할 수 있다. 몸을 떠났지만 다시 들려오는 목소리처럼. 나의 소리가 내 몸을 순간순간 떠나가고 있는 것을 자각하듯이. 작고 둥근 그릇은 더는 노래하지 않는다. 작고 둥근 그릇은 더는 울리지 않는다. 작고 둥근 그릇은 더는 울지 않는다. 내가 나의 몸속에 작은 호흡 하나를 봉인해 두었듯이.

울리는 그릇은 더는 울리는 그릇이 아니다. 울고 있는 내가 더는 울고 있는 내가 아니듯이. 나는 울린다. 손바닥 위의 작고 둥근 금속 그릇의 울림의 흘림의 풀림의 굴림의 물림의 홀림의… 그 모든 흔적을 따라서. 나는 울린다. 사물의 윤곽을 스치며 나타났다가 사라지기를 반복하는 그 모든 소리처럼. 들리지 않는 소리를 받아쓰는 활자들의 움직임처럼.

울리기를 멈추지 않는 장소가 있습니다

기억 이전의 기억처럼
매 순간 나를 들어 올리는 소리처럼
다시 귀 기울이는 들리지 않는 마음처럼

둥글게 번지면서 사라지는 하나의
사라지면서 다시 나타나는 하나의
하나의 내가 있다

becoming-therestofit

the rest of it
the rest of it

before anything written on the page, a border emerges. a singular center or outside of infinite centers. (perhaps what is construed as inside. what we don't know. what remains unseen. still. singular. resurfacing from a potential.) edge, contour, margin, metrical variation, mouth closed tight, vowel undivulged, hidden facial expression, dim site, lightheartedness, name cherished, the thing that emerges from the rest of it. one. or twosome.

becoming
the rest of
the rest of
the
rest of
inside of
inside of
it

becoming is pregnant with un-becoming. becoming evokes the infinite-not-to-be. inscribing a site insistently pushing away over a site insistently pushed aside. inscribing a mind that insistently keeps its distance over a mind insistently drifting away. insisting it is a vowel, insistently diminishing— not the heart insistently diminishing. it is a mother tongue. and my mother.

되기-그 밖의 모든 것

그 밖의 모든 것
그 밖의 모든 것

종이 위에 적히기도 전 하나의 경계가 생겨난다. 하나의 중심 혹은 무수한 중심의 밖. (어쩌면 안이라고도 할 수 있는. 우리가 모르는. 우리에게 보이지 않는. 고요한. 고유한. 하나의 가능성으로부터 다시금 떠오르는.) 모서리와 테두리와 가장자리와 가변적인 음보와 닫혀 있는 입과 발설되지 않는 모음과 숨겨진 표정과 어둑한 자리와 가벼운 마음과 가까운 이름과 그 밖의 모든 것으로부터 발생하는. 하나의. 혹은 둘의.

그 밖의
그 밖의
그
밖의
그 안의
그 안의
모든 것
되기

되어 가는 것은 되지 않을 가능성을 품고 있다. 되어 가는 것은 되지 않을 무한함을 환기한다. 자꾸만 밀려나는 자리를 자꾸만 밀어내는 자리라고 쓰기. 자꾸만 멀어지는 마음을 자꾸만 멀리하는 마음이라고 쓰기. 자꾸만 작아지는 마음을 자꾸만 작아지는 모음이라고. 모국어라고. 그리고 나의 어머니라고.

writing

my mother. my site. my country. my word.
the one stamped in my colloquial speech. all that comes from your way of speaking.
your accent, enunciation, prolonged vowel and shortened vowel, and the origin of loneliness and yearning

writing

re-writing while excluding my self

mother. site. country. word.
moon. water. sky. well. dream. cry.
dream-journaling. about your dream and mine.
writing about the dream that devours your cry and mine.

it
the rest of it
the it

becoming-it and becoming-therestofit
becoming-becoming

what can be jotted down infinitely. what can be effaced infinitely. what can be effaced almost infinitely. what can be tramped almost infinitely. what can be dispersed element by element. what disperses. what scatters away. what drifts.

it

like the mood of a dandelion puff

쓰기

나의 어머니. 나의 장소. 나의 나라. 나의 낱말.
나의 구어체에 각인되어 있는. 당신의 말투로부터 온 모든 것.
당신의 억양과 발음과 장음과 단음과 외로움과 그리움의
기원에 대해.

쓰기

나를 제외하고 다시 쓰기

어머니. 장소. 나라. 낱말.
달. 물. 하늘. 우물. 꿈을. 울음을.
꿈을 쓰기. 당신과 나의 꿈에 대해서.
당신과 나의 울음을 삼킨 꿈에 대해서 쓰기.

그것
그 밖의 모든 것인
그것

그것과 그것 아닌 것 되기
되기-되어 가기

무수히 적어 내려갈 수 있는. 무수히 지워질 수 있는. 숱하게
지워질 수 있는. 숱하게 짓밟힐 수 있는. 낱낱이 흩어질 수 있는.
흩뜨릴 수 있는. 흩뿌릴 수 있는. 흩날릴 수 있는.

그것

민들레 홀씨의 기분과도 같은

wafting
adrift
receding

afloat
eddying
bobbing

destined to drift away
destined to flutter down

    stuck in one condition. perhaps preconditioned already.
    accepting what is already preconditioned. evoking. your two hands, grown firm unbeknownst. you, taking the open field—roofless—as homestead. you, gazing long at the place where you face your self. of the single mind with two hands, fated to hold your self.

    becoming in/outside by becoming a potential, unbothered by vanishing—
    becoming already elusive, able to cross in and out

    from becoming-therestofit
    toward therestofit-becoming—
    nameless open fields shifting with the number of steps i took

    about warmth occasioning my radical departure
    from the rest of it. about courage. about spirit invigorated, again.
    about waiting. about gathering myself. about the stretch of the dark
    i cannot help but await—collected while ruffled—.

날아가는
흘러가는
물러가는

떠다니는
떠나가는
떠오르는

떠나갈 수밖에 없는
떨어질 수밖에 없게 하는

하나의 조건으로 고착된. 어쩌면 이미 조건 지어진.
이미 조건 지어진 자리를 받아들이는. 불러들이는. 어느 결에 굳건해진 너의 두 손에 대해. 지붕 없는 들판을 자신의 집으로 삼는. 스스로를 마주 보는 자리를 오래오래 들여다보는. 자기 자신을 껴안을 수밖에 없는 두 개의 손을 가진 하나의 마음에 대해.

사라져도 좋은 가능성이 되어 안과 밖이 되는
이미 사라진 형상이 되어 안과 밖을 드나들 수 있는

그 밖의 모든 것-되기로부터
되기-그 밖의 모든 것으로
걸어온 걸음 수만큼 옮겨 온 이름 없는 들판에 대해

그 밖의 모든 것으로부터 영영 작별할 수 있는
온기에 대해. 용기에 대해. 다시 또 피어오르는 기운에 대해.
기다림에 대해. 가다듬음에 대해. 다듬어지지 않은 채로 다듬어져 온
기다릴 수밖에 없었던 어둠의 시간들에 대해.

i am scribbling down the place i left behind. by becoming an eye looking back at the place i believed i had arrived. about you as a strange place. about me as a familiar landscape. about me who is not me. about you who is not me. about me made of you and you and you—and about me, and me.

of the moment i've become the rest of it after turning away from the rest of it.

about the window right in front of me. about a mirror appearing as a glass. about ice appearing as a mirror. about facing, slightly distanced by facing. about space—divided into this side, that side of the window. about us standing at the border between yesterday and today. beyond what you see through. about your mind and mine, reflected transparently. about the language, inaudible because it has yet to be articulated. about the language, nonexistent because inaudible. about the sound no one can imitate. about my soft, tender vowel. about the tree my voice reaches, through the window. about my tree.

window. sunlight. stone. movement.
in between the words leaving out a comma, and another. wind. nameless bird.

yes. a bird without a name. the small one, whose name i wanted to know. the one soaring into sky with its amber tail spread wide. the iridescent bird with small ebony eyes. the one i came to love for the first time. the one i cannot reunite with. the one vanishing into air, far beyond the world. the rest of it …

the one that wings away,
leaving behind the rest of it, again, toward the rest of it

i enunciate my word—inaudible—as i walk unfamiliar streets

내가 떠나온 곳에 대해 나는 적어 내려가고 있다. 내가 도착한 곳이라고 믿어 온 곳을 다시 돌아보는 눈길이 되어. 낯선 장소로서의 너에 대해. 익숙한 풍경으로서의 나에 대해. 나 아닌 나에 대해. 나 아닌 너에 대해. 너와 너와 너로 이루어진 나와 나와 나에 대해.

그 밖의 모든 것으로부터 돌아와 그 밖의 모든 것 아닌 것이 되는 순간의.

내 눈앞의 창문에 대해. 유리인 듯한 거울에 대해. 거울인 듯한 얼음에 대해. 마주 봄으로써 다시 옮겨 앉는 마주함에 대해. 다시 창문의 이쪽과 저쪽으로 나뉘는 공간에 대해. 어제와 오늘의 경계에 서 있는 우리에 대해. 들여다볼 수 있는 물질들 너머의. 투명하게 투영되는 너와 나의 마음에 대해. 들어 본 적 없는 발음으로 인해 누구에게도 들리지 않는 언어에 대해. 들리지 않기에 이 세계에 없는 소리가 되어 버린 한 언어에 대해. 따라할 수 없는 음향에 대해. 누구에게도 들리지 않는 나의 어리고 작은 모음에 대해. 나의 목소리가 가닿는 창문 밖의 나무에 대해. 나의 나무에 대해.

창문. 햇빛. 돌멩이. 움직임.
쉼표와 쉼표가 생략된 낱말과 낱말 사이. 나무. 바람. 이름 모를 새.

그래. 이름 모를 새. 이름을 알고 싶었던 작은 새. 황금빛 섞인 노란 꼬리 깃털을 활짝 펼치며 날아오르던. 작고 검은 눈동자를 갖고 있던 빛나는 새. 처음으로 사랑하게 된 나의 작은 새. 두 번 다시 만날 수 없는. 머나먼 세계 밖으로 날아가 버린. 그 밖의 모든 것…

그 밖의 모든 것으로부터
다시 그 밖의 모든 것을 향해 날아가 버린

나는 이국의 거리를 걸으며 들리지 않는 나의 단어를 발음한다.

Inbetween my words, the golden yellow permeates.
a multitude of memories, colors, sounds, and temporal traces pointing to the dark at noon—brimming the hollow.

gradually gradually

the rest of it
the rest of it

we are becoming. in the exact pace we are not becoming.
we are reemerging with myriad movements. re-born.
my place. sound of my bell. my contour. my wings.
of my golden yellow.

about the freedom not to become
about the will not to be borne into any form

becoming-therestofit
from the rest of it
starting over, simultaneously dying again

me and me and me
you and you and you

the moment we're tied to us
we—becoming a border—reemerge
a myriad of yellow shades embracing one—
a myriad of golden streaks

나의 단어 사이사이에는 황금빛 섞인 노란색이 스며 있다.
무수한 기억과 색깔과 소리와 한낮의 밤과 어둠을 가리키는
무수한 시간이 부드럽게 담겨 있어서.

천천히 천천히

그 밖의 모든 것
그 밖의 모든 것

되어 가고 있다. 되지 않고 있는 꼭 그만큼의 속도로.
무수한 몸짓들로 다시 떠오르는. 다시 태어나는.
나의 자리. 나의 종소리. 나의 가장자리. 나의 날개.
나의 황금빛 섞인 노란색의.

아무것도 되지 않을 자유에 대해
무엇으로도 태어나지 않을 의지에 대해

그 밖의 모든 것-되기
그 밖의 모든 것으로부터
다시 시작하는 동시에 다시 죽어 가는

나와 나와 나와
너와 너와 너와

우리라고 묶이는 순간
우리라는 경계가 되어 다시 생겨나는
하나를 포함하는 무수한 노란색의
황금빛 섞인 무수한

from yesterday's me—kicked around by the noon light, crying home
    desperately searching for a new place as dawn breaks open
    crossing a dark time and place where even i no longer recognize my self
    scribbling down the rest of it

    mist. dew. sand. palm. face. shade. street. pining.
    shoulders turning away. rolling stone. rolling stone mist dew and mother.
    mother. mother—rolling, adrift, diffused, then making me cry.

    now—whereabouts is my mother flying?

    flying over, far beyond
    pointing to my the-rest-of-it
    of golden yellow

    about my mother tongue, strewn across unfamiliar streets—
    each attempt to enunciate it brings a deeper sadness

    alongside the rest of it
    becoming the rest of it

    outside of outside of inside of inside of outside of

    becoming the rest of it
    reemerging from becoming
    from a potential, or two

    fleeting
    enduring
    persisting

한낮의 빛에 두들겨 맞은 채 울며 걸어가는 어제의 나로부터
밝아 오는 새벽의 빛 속에서 새로운 집을 찾아 헤매는
나 자신도 나를 알아볼 수 없는 어두운 시간과 장소를 건너와
그 밖의 모든 것을 적어 내려가고 있는

안개. 이슬. 모래. 손바닥. 얼굴. 그늘. 거리. 그리움.
돌아 나가는 어깨. 구르는 돌. 구르는 돌 안개 이슬 모래 어머니.
어머니. 구르는 흐르는 번지는 울리는 어머니.

나의 어머니는 지금 어디쯤 날아가고 있을까요.

너머로 날아가고 있는
나의 그 밖의 모든 것이 가리키고 있는
황금빛 섞인 노란색의

발음하면 발음할수록 서러워지는
이국의 거리에서 흩어지는 나의 모국어에 대해

그 밖의 모든 것과 함께
그 밖의 모든 것이 되어 가고 있는

그 밖의 그 밖의 그 안의 그 안의 그 밖의

그 밖의 모든 것 되기
되기로부터 다시 발생하는
하나의 혹은 둘의 가능성으로부터

사라지는
살아지는
살아가는

the rest of
the rest of
the rest of it
becoming
becoming
running away, again,
from becoming
mid-becoming
becoming
from
the rest of it

그 밖의
그 밖의
그 밖의 모든 것
되기
되기
되기로부터
다시 달아나는
되어 가는
되기
그 밖의
모든 것으로부터

LIM SOLAH

translated by
INHYE HA

임솔아

MANY PATIENTS EAT WILD ANIMALS

    This morning I wash my face—
Mom and I pore over maggots at a dump—pale and plump. Like a baby's toes. Mom suggests we roast the maggots. If they can survive in a place like that, she says, they must be tenacious. You are not supposed to eat wild animals, I say, and mom asks, is an insect a wild animal too.
    I should make mom a veggie soup, write a piece on the doctors on strike, visit a patient group, and sign a petition. Instead I wind up smoking a cigarette in the bathroom behind her back.

    This morning I open the window—
A commercial selling wild-caught seafoods freshly delivered from the sea is next to eulogies stacked under Trending Now. An article about a plane crash, a former child actor, and a man's self-immolation to defend a president on the impeachment trial. A streamer nicknamed Devil. By the way, the more I search whose death is being mourned, getting more hits, the more deaths I witness and

    this morning clears after a while—
The wall shudders with screams from next door. When we're together, we don't bother to suppress our urges—scooping out ice cream, binge-watching until morning, skipping work, forgetting to water the plants. Dirty dishes pile up. Dog hair coats the floor. Text messages and emails left unread. We can go on like this. If I were alone, I could put up with it, infinitely. If I were alone—truly alone. Mom says, this building seems sturdy. Because it's only screams we could hear. Not the sound of someone rinsing their hair. Not their tossing and turning in bed, nor a heartbeat.

많은 환자들이 야생동물을 먹는다

　오늘 아침 세수를 하고
　쓰레기장에서 엄마와 굼벵이들을 본다. 통통하고 하얗다. 아기의 발가락 같다. 엄마는 그 굼벵이들을 구워 먹으면 어떻겠냐고 한다. 그런 곳에서도 살아남은 것들이라면 아주 강력한 힘이 있을 거라면서. 야생동물을 먹어선 안 된다고 나는 말하고 엄마는 벌레도 야생동물이냐고 묻는다.
　나는 엄마에게 야채수프를 끓여 줘야 하는데 의료 파업에 대해 글을 쓰고 환자 단체를 찾아가고 연대 서명을 해야 하는데 화장실에서 엄마 몰래 연초를 피운다.

　오늘 아침 창문을 열고
　산지 직송되어서 너무 팔팔하다는 광고와 함께 고인의 명복이 실시간 검색어 순위에 떠 있다. 항공기 추락 사건과 아역 출신 배우와 탄핵 심판 중인 대통령을 옹호하기 위해 분신한 사람과 악마라는 별명을 가진 BJ와 근데 이 중 누구의 명복이 실시간 트렌드가 된 것인지 검색하고 검색하면 더 많은 죽음을 목격하고

　오늘 아침 모처럼 하늘이 개어 있고
　악을 쓰는 소리가 벽을 건너온다. 우린 같이 있을 때만 참지 않는 쪽으로 움직여 우리는 같이 있기 때문에 점점 나빠져 한밤중에 같이 아이스크림을 퍼먹고 밤새도록 시리즈물을 보고 일도 안 하고 화분에 물도 안 주고 설거지도 막 쌓아 두고 집에 개털이 뒹굴게 두고 카톡도 메일도 확인하지 않고 우린 계속 그럴 수 있어 혼자라면 나는 얼마든지 참을 수 있다 내가 혼자라면 정말 혼자라면. 이 건물이 잘 지어졌다는 생각이 든다고 엄마는 말한다. 악을 쓰는 소리만 건너와서. 머리 감는 소리 이불 뒤척이는 소리 심장 소리 들리지 않아서.

This morning brings no breaking news—
Mom says she forgets things. Her illness has such a long name. Because it is not so common a disease, she fails to remember its name.

You recall what—? ... This morning
I'd rather ponder about a flag stuck in a child menu and toothpick umbrella on a parfait. Rather-ing has long been a habit of mine. It was a real umbrella—a foldable one. Not something you can use in life. I have a vivid memory of the things I have never tasted. For I have perused them quite often.

This morning I walk my dog—
Stone interrupts me listening to mom's story. It's been a long time since I looked a stone in the eye. Mom notices me staring at the stone. She joins me, facing it too. Granular and dusty, if you touch it. Mom once reared a stone, she says. Gave it a name. Watered it. She says, she kept an eye on it every day. She was waiting for it to grow moss day after day.

오늘 아침엔 속보가 없고
엄마는 잊어버렸다고 한다. 자기 병명이 너무 길어서. 안 유명한 병이라서 못 외운 것 같다고 한다.
너 기억하니, 뭐였더라 그게…. 오늘 아침에
나는 차라리 어린이 메뉴에 꽂혀 있는 깃발과 파르페 잔에 꽂혀 있는 이쑤시개 종이 양산을 생각한다. 차라리는 내 오랜 버릇이다. 그건 진짜 접고 펼 수 있는 양산이다. 쓸 수는 없다. 맛본 적 없는 것들을 나는 무엇보다 선명하게 기억할 수 있다. 무엇보다 자주 열람했으므로.

오늘 아침 개와 산책을 하고
엄마의 이야기를 듣는데 돌이 끼어든다. 돌과 마주 본 지 오래되었는데. 내가 자꾸 돌을 본다는 걸 엄마도 눈치챈다. 그래서 엄마도 같이 돌을 보기 시작한다. 매끄럽지 않고 만지면 부스러기가 묻어 나온다. 엄마는 돌을 키워 본 적 있다고 한다. 돌에게 이름을 붙이고 돌을 부르고 돌에게 물을 주었다고. 돌을 매일 지켜보았다고. 돌에서 이끼가 자라기를 매일매일 기다렸다고.

OUT OF HARM'S WAY

Across the mountain smoke rises.
What if it's a wildfire, we are worried,
while setting up the campsite—

driving pegs into the earth with a hammer,
knotting cords.

Just to meet one day, without any particular reason,
and speak of nothing in particular,
we sit around a table.

We talk about white strawberries—named permanent snow
because they resemble snow that endures even in spring.
They don't taste as sweet as we imagined. Taste just like any
other strawberry.

We've been doing better than we thought, we say—
letting each other down. We giggle.

Across the ridge, known for its scenic sunset,
a small aircraft hovers.
The loud thrum tells us it's a helicopter.

My company is on the phone.
Her family called, she says, to make sure she's okay here.
She tells them: we are out of harm's way.

건너편

건너편 산에서 연기가 피어오른다.
산불이 난 건 아니겠지 하며 우리는
우리가 잘 곳을 만들고 있다.

망치로 단조팩을 땅에 박고
로프를 묶어 가면서.

언젠가 아무 이유 없이 만나
아무 일도 아닌 얘기를 나누자던 소원을
이루기 위해 테이블에 둘러앉는다.

하얀 딸기에 대해 이야기한다. 봄에도 녹지 않는 눈을 닮아
만년설 딸기라 부른다 한다. 생각보다 달지는 않네. 그냥 딸기 맛이네.

생각보다 잘 지내서
우리는 서로를 실망시켰다며 깔깔 웃는다.

노을이 장관이라던 저곳에서
아주 자그마한 비행 물체가 돌아다닌다.
커다란 소리 때문에 헬기가 왔다는 걸 우리는 알게 된다.

일행이 가족과 통화를 한다.
그곳은 괜찮은지 걱정되어 전화했다고 한다.
여긴 그 건너편이라고 일행은 답한다.

While confessing she notices the moment her foot slips
into a sock, the tug of a cord from a socket, her t-shirt clinging
damp against her sweaty back,

    the company pours the last of the bottled water onto ash.
Embers, although invisible, hiss beneath the ash.

    On a freezing night
even reaching for your clothes outside the sleeping bag
feels daunting.
    We wish it could help to just be wrapped in layers of
nightmares,

    so we conjure something more catastrophic—
Not so terrifying, after all. Just ordinary things.
    Lying side by side, like a caterpillar, we pass words to one
another.

    Miraculously it starts to rain.
We jolt each other awake
and step outside.

When rain softens the ground, this will collapse more easily.
Holding up a lantern, we
search for stones to anchor the tent.

A bit heavier ones—
we will have to fetch them.

양말에 발을 넣는 순간을 콘센트에서 플러그를 빼는 순간을
땀이 흐르고 티셔츠가 등에 달라붙는 순간을 이제 알아챌 수 있게
되었다는 고백을 하다가

　　일행은 재 위에 반쯤 남은 생수를 붓는다.
　　불씨가 없어도 재는 불이 꺼지는 소리를 낸다.

　　너무 추운 밤에는
　　옷을 꺼내기 위해 침낭 밖으로 손을 뻗는 것도 어려워진다.
　　겹겹이 악몽을 덮는 것조차 도움이 되길 바라며

　　우리는 더 끔찍한 상황을 상상하다
　　생각보다 무섭지 않네. 그냥 흔한 일일 뿐이야.
　　애벌레처럼 나란히 누워 서로에게 말을 건넨다.

　　기적처럼 비가 쏟아진다.
　　우리는 서로를 흔들어 깨워
　　바깥으로 나간다.

　　비에 흙이 물컹해지면 이곳은 더욱 쉽게 무너진다.
　　랜턴을 들고 우리는
　　가장자리를 누를 돌덩이를 찾아다닌다.

　　조금 더 무거운 것
　　그것을 찾아와야 한다.

HA MINA

translated by
JISOO HOPE YOON

하미나

SHE

She inside a smelly hag
She inside a ghost-filled nightmare
She hiding in hell
She giving joy
She leaving herself unwritten
She leaving departing
She a single drop breaking from a towering wave
She stepping forth from flame
She on the crease of a wet palm
She lingering on lips as hot tea slips by
She knocking at the front door on a stormy night
She within a fading peal
She inside an old dream
She for whom I have searched all my life
She in the exhale of sleep
She her head halfway peeking from between mountains
She within the patterned floor I dove down to touch in unspeakable pain

Inside my dream
Inside my metaphor
Inside my letter

Strewn about

그녀

냄새나는 노파 안에 그녀
유령 가득한 악몽 속에 그녀
지옥에 숨은 그녀
기쁨을 주는 그녀
기록하지 않는 그녀
떠나는 가 버리는 그녀
덮치는 파도 떨어지는 물방울 하나의 그녀
불 속에서 걸어 나오는 그녀
젖은 손바닥 손금 위에 그녀
뜨거운 찻물 넘어가는 입술 위에 그녀
폭풍우 치는 밤 현관문 두드리는 그녀
곧 잊히는 종소리 안에 그녀
오래된 꿈 속의 그녀
사는 내내 찾아다닌 그녀
잠결에 몰아쉬는 숨 속에 그녀
산과 산 사이 머리를 반쯤 내놓은 그녀
끊어지는 고통 허리 숙여 짚은 바닥 무늬 속에 그녀

내 꿈 속에
내 메타포 속에
내 편지 속에

늘비한

And

This unable to relax
This waiting for something
This listening intently
This on a moving coastline
This next to an anxious windowsill
This pausing, hesitant to write
This looking through a split in the tree
This imagined by people gathered 'round fire
This red with birth
This descending to hell
This walking along horror's contour
This searching between dreams, eyes open on a night of suffering
This between not needing and not being able to

Inside my dream
Inside my metaphor
Inside my letter

Strewn about

그리고

긴장을 풀지 못하는 이것
무언가를 기다리는 이것
귀 기울이는 이것
움직이는 해안선 위에 이것
안절부절못하는 창가 옆에 이것
쓰려다가 멈춰 망설이는 이것
쪼개진 나무 틈새를 벌리고 보는 이것
불 옆에 모인 사람들 공상 속의 이것
막 태어난 시뻘건 상태의 이것
지옥으로 내려가는 이것
공포의 윤곽선을 따라 걷는 이것
앓는 밤 뜬눈으로 꿈과 꿈 사이를 찾아다니는 이것
필요 없음과 할 수 없음 사이의 이것

내 꿈 속에
내 메타포 속에
내 편지 속에

늘비한

a gift sent by no one

Pashiar says *this is for you so pay it back to someone else love is meant to flow* Pashiar's place has room for two to lie down and Pashiar's treasure fills the space in between i ask *how far will we go today* Pashiar says *as far as we are allowed* Pashiar asks *what do you want to do* i reply *i want to descend deeper deeper and deeper* Pashiar asks *why* i say *i am curious what lies beneath* Pashiar rolls eyes then begins playing an instrument from Pashiar's home the string vibrates and half a step later an overtone fills the in between this is an inner chamber small and warm it is the whole world the lady of the house waves her skirt between night and night i lay down and close my eyes i am low in a marsh steeped with reeds i am three and naked i play with those who are ancient my belly fills with pink cotton candy i am all flowers inside as long as i am left alone i want to play like this forever forever Pashiar suddenly listens to something and says

apparently you should stop playing

i pretend not to hear and Pashiar says again

stop playing and start working, apparently

발신자가 적혀 있지 않은 선물

파시아르 말했다 이것은 당신을 위한 것이니 나에게 갚지 말고 다음 당신에게 갚으세요 사랑은 흐르는 것이니까 파시아르의 공간 두 개의 누울 자리 마련되어 있는데 둘 사이에 파시아르의 보물 가득하다 오늘 어디까지 가게 되는 건가요 묻자 파시아르는 허락되는 만큼, 답한다 파시아르 내게 무엇을 하고 싶냐고 묻고 나는 깊이깊이 더 깊이 내려가 보고 싶다고 답한다 왜 내려가고 싶냐고 묻길래 내려가면 뭐가 있는지 궁금해서요 답한다 파시아르 눈알을 굴리더니 고향에서 가지고 왔다는 악기로 연주를 시작한다 현이 떨리며 한 박자 늦게 생성되는 기묘한 배음이 사이를 채운다 이곳은 안방이다 작고도 아늑한 온 세상이다 안주인의 치맛자락이 밤과 밤 사이를 출렁인다 나는 자리에 누워 눈을 감는다 나는 갈대숲 무성히 자라는 습지 낮은 곳에 있다 나는 벌거벗은 세 살 아기다 오래된 사람들과 논다 단전이 분홍 솜사탕으로 가득 찬다 가만히 내버려만 둔다면 마음이 꽃밭이다 언제까지고 언제까지고 그렇게 놀고 싶다 파시아르 불현듯 귀를 기울이더니,

놀지 말라는데?

한다 나는 못 들은 척 한다 그러자 파시아르가 다시 한번,

놀지 말고 일하라는데?

i raise myself i pout and Pashiar scolds me but why should i be admonished? i focus and start down a dark hole down an endless spiral staircase down with a candle and light steps but why is everything so interesting? walls sprout leaves like hangnails and smoke curls upwards from my flame… laughter leaks from my body which makes me float unable to descend further i keep poking in different directions Pashiar gets angry tells me *focus* i go back down the hole down where there is no light and when i think i've reached the bottom there is yet more bottom i find the path stuffed with vomit waste and garbage all sorts of undesirables i am afraid i do not want to descend further but it is too late Pashiar keeps pushing me i follow the undesirables the vomit waste and garbage in the disgusting sewers i follow the most disgusting fluid i see hair stuffing up the pipe and connected to the hair is the severed head of a woman i come face to face with a blue rotting face my eyes shoot open i ask Pashiar:

did you see that?

what?

the woman's face

useless thoughts forget them

but it is no forgettable image i continue down and as i continue down the path is now of blood flesh and guts i am afraid again i am so afraid i say *i will not go down anymore* Pashiar does not stop *you wanted this* Pashiar says but when i see the red tissue squirm my body freezes in horror! horror! horror! we decide to take a break i lie down for the first time in a long time Pashiar makes as if lying down but then says

나는 몸을 일으킨다 입이 댓 발 나오고 파시아르는 꾸중한다 하지만 왜 혼이 나야 하지? 나는 집중하고 내려가기 시작한다 어두운 구멍 아래로 내려간다 나선계단을 끝없이 내려간다 촛불을 들고 총총거리며 내려간다 그런데 왜 이렇게 재밌는 게 많지? 벽에 튀어나온 풀잎 거스러미, 촛불이 타며 아지랑이 오르는 연기… 자꾸만 실실 웃음이 나오고 그러면 더 내려가지 못하고 몸이 떠오른다 또 또 딴 데로 빠진다 파시아르는 집중하라며 화를 낸다 나는 다시 내려간다 빛이 없는 곳으로 내려가니 아무것도 없을 것 같던 아래에 더 깊은 아래가 있다 그곳은 구토와 오물 쓰레기 온갖 더러운 것들로 막혀있다 나는 무섭다 더 이상 내려가고 싶지 않으나 이미 늦었다 파시아르는 나를 몰아세운다 나는 구토와 오물 쓰레기 온갖 더러운 것들을 따라간다 구역질이 나는 하수구에서 가장 구역질이 나는 액체를 따라가다 배수구에 막힌 머리카락과 머리카락과 연결된 토막 난 여자 머리를 본다 부패가 시작된 시퍼런 얼굴과 정면으로 마주한다 깜짝 놀라 눈을 번쩍 뜨고 파시아르에게,

봤어요?

뭘?

여자 얼굴이요

잡생각이야 잊어

하지만 그것은 쉬이 넘길 심상이 아니다 나는 다시 내려간다 다시 내려가는 길은 피와 생살 내장의 길이다 나는 또 무섭다 너무 무서워서 그만 내려가겠다고 말한다 파시아르는 멈추지 않는다 너가 이걸 원했잖아? 트드득 꿈틀대는 시뻘건 조직들을 보니 공포에 몸이 얼어붙어 움직일 수 없다 공포! 공포! 공포! 우리는 잠시 쉬기로 한다 내가 한참 만에 자리에 눕는다 파시아르는 눕는 듯하며 뒤척이더니

apparently you shouldn't rest

and pulls me to my feet i ask again why i can't play Pashiar listens then says

apparently you need to discern

i am spent but i raise myself and slowly examine the inside of the lady's skirt spot by spot from the highest to the lowest from the marsh with the ancient people to the sewer of vomit and waste to the path of blood flesh and guts there are people living everywhere in every space and no matter where my eyes land i keep laughing i keep getting lighter and Pashiar barks at me to discern

i look towards the dark bluelit people rolling around way down they are rolling in the lowest and darkest place Pashiar tells me to look close i look close i say *i can't see their faces* Pashiar says *are you trying?* i look closer and the faces become clear they are mine and the rolling becomes a game again rolling rolling rolling rolling Pashiar sighs and yells at me to discern

너는 쉬지 말라는데?

하고 나를 일으켜 세운다 나는 왜 놀면 안 되는지 다시 묻는다
파시아르는 귀를 기울이더니,

구별하라는데?

한다 나는 진이 다 빠진 채로 몸을 일으킨다 그리고 안주인의
치마 속 곳곳을 차근차근 하나씩 살펴본다 가장 높은 곳에서 가장
낮은 곳까지 오래된 사람들과 노는 습지부터 구토와 오물의 하수구,
피와 생살 내장의 길까지 공간 곳곳 틈새 곳곳 사람들이 산다 무엇을
보건 자꾸만 웃음이 나오고 자꾸만 가벼워진다 파시아르는 그럴
때마다 꾸짖는다 구별하라고

나는 먼 아래쪽에서 구르고 있는 푸른빛을 띠는 어두운
사람들에게 눈을 돌린다 이들은 가장 어둡고 가장 낮은 곳에서
구르고 있다 파시아르가 가까이 들여다보라 한다 나는 가까이
들여다본다 얼굴이 안 보이는데요? 하니 파시아르가 안 보려고 하는
건 아니고? 묻는다 자세히 보니 얼굴이 선명해진다 내 얼굴이다
그러자 구르기는 다시 놀이가 되고 만다 떼굴 떼굴 떼굴 떼굴 떼굴…
파시아르는 한숨을 내쉬고 호통친다 구별하라고

discern what? the people rolling there and me? work and play? seriousness and lightness? Pashiar and me? places you are naturally drawn to and places you cross lines to reach? or all of this? Pashiar pulls me up and tries to get me down down and down but i only feel the burning rage in Pashiar there is no climax repentance epiphany or catharsis between us and Pashiar begins retching *quick, agh, quick, agh, quick, agh,* find it say it discover it realize it *this isn't mine this is yours i'm doing it because you won't quick, agh* i try to vomit but i conjure only a burp Pashiar rushes me i don't know what to do and so i try yelling with all of me and out comes the voices of many women voices both new and old all at once but Pashiar is not satisfied i begin wondering how to escape from this deranged thing

and suddenly i say *oh something's about to come out* i go out and come back after a minute i lie to Pashiar that i took a big dump i kneel in front of Pashiar and say *discern* Pashiar nods i close my eyes again and chant *discern* Pashiar exclaims *that's right!* i confirm *discern* once again with Pashiar and only then does Pashiar stop retching and lies down satisfied *that's right discern …* Pashiar stops and listens one more time *apparently you should give me something* i ask *what?* Pashiar says *cash is always simplest …*

도대체 무엇을 구별하라는 말인가? 저기서 구르고 있는 사람들과 나를? 일과 놀이를? 진지할 때와 유희할 때를? 파시아르와 나를? 자연스레 가게 되는 곳과 호기심에 함부로 넘보는 곳을? 아니면 이것 모두 다? 파시아르는 나를 일으켜 세우고 나를 다시 아래로 아래로 내려가게 하려고 애쓰지만 그럴수록 파시아르 안에 이글거리는 분노만 느낄 뿐이다 사이에 어떠한 절정도 회개도 깨달음도 카타르시스도 나타나지 않자 파시아르는 헛구역질을 하기 시작한다 빨리, 우웩, 빨리, 우웩, 빨리, 우웩, 찾으라고 말하라고 발견하라고 깨달으라고 이거 내 꺼 아니야 너 꺼야 너가 안하니까 내가 하잖아 빨리, 우웩 나는 토해 보려 애쓰지만 꺼억 하고 트림만 나온다 파시아르는 재촉한다 나는 이건가 하고 있는 힘껏 소리라도 질러 본다 그러자 여러 명의 여자들 목소리, 오래되고 새것인 목소리가 한꺼번에 튀어나온다 그러나 파시아르는 여전히 만족하지 못한다 나는 이제 이 미친 존재로부터 어떻게 탈출하면 좋을지 고민하기 시작한다

그리고 번뜩 아 뭐가 나오려고 해요 말하고 밖으로 나간다 잠시 뒤 돌아와 파시아르에게 크나큰 똥을 쌌노라고 거짓말한다 파시아르 앞에 무릎 꿇고 말한다 구별하라고 파시아르가 고개를 끄덕인다 나는 다시 눈을 감고 읊조린다 구별하라고 옳지! 파시아르가 추임새를 넣는다 구별하라고 나는 마지막으로 파시아르에게 확인시킨다 그제야 파시아르는 구역질을 멈추고 만족한듯 자리에 눕는다 그래 구별하라고… 파시아르가 누우려다 마지막으로 귀를 쫑긋한다 내가 뭘 받아야 한다는데? 뭘요? 현금이 제일 깔끔하지 아무래도…

에코 II

그 밖에

임솔아

'뭘' 해 보자고 했다.

앞으로는 작가들과 '뭘' 하지 않겠다 마음 먹었던 게 떠올랐다. '뭘'은 1박 2일 여행이 될 수 있다. 직접 끓인 뱅쇼와 함께 핑거 푸드를 나누어 먹는 일이 될 수 있다. 색지를 가위로 오려 가며 크리스마스카드를 만드는 일이 될 수도, 그 색지로 손 피켓을 만드는 일이 될 수도 있다. 손 피켓을 들고 일인 시위를 하는 일이나 밤새 공유 문서를 켜 두고 선언문을 작성하는 일이 될 수도 있다. '뭘'은 내게 하지 않을 수 있지만 하기로 선택하는 모든 일이다. '뭘'은 불길한 면이 있다. '뭘'에 가담하기로 결정할 때 나는 고양된다. 설렘 때문이든 분노 때문이든, 변화의 가능성을 믿지 못한다면 '뭘' 안 한다. '뭘' 한다는 건 미지의 영역으로 나를 다시 데려가 보겠다는 결심이고 아직 내가 낙천적이라는 증거다.

작가들과 뭘 해 본 기억 대부분은 쓰디쓰게 남아 있다. 어째서 내가 혼자 글을 쓰는 일을 선택하게 되었는지 상기하면서. 하지만 내가 정말 혼자라면 어째서 글이라는 것을 써야 하지 하면서.

'뭘' 해 보자는 제안을 듣고 머뭇거리고 있는 나에게 K는 말했다. 이것은 가볍게 결정해도 무관한 일이라고. 다른 방향으로 움직이면서 즐거움만 누려도 좋지 않겠냐고 했다. 그때 나는 연달아 네 편의 소설을 완성하지 못하고 있었다. 처음 있는 일이었다. 할 말이 없어서가 아니었다. 문장을 쓰려면 타인이라는 미지의 영역에 대한 믿음이 조금이라도 있어야 하는데, 그 믿음이 바닥난 상태였다. 소파에 누워, 모아 두었던 돈만 야금야금 까먹으며 지냈다. 전혀 낙천적이지 않은 상태였지만 한 발자국이라도 이동은 하고 싶었다. 좀 더 가벼운 곳으로.

글을 쓰는 시간에 나는 한자리에 앉아 있으면서도 어딘가로 이동하려 애쓰는 느낌이다. 그 어딘가는 '어딘가'라고 말할 수밖에 없다. 그곳은 내가 알지 못하는, '그 밖에'의 영역에 있다. 나는 '그 밖에'로 향하고 싶고 '그 밖에'를 만나고 싶은데, 한편으로는 내가 너무 멀리 나아가다가 '그 밖에'의 영역으로 영영 쫓겨날까 봐 두렵기도 하다. '그 밖에'의 영토에서 고립되었던 기억이 공포스럽게 나를 제압한다. 내 글 속 사람들은 가출을 반복하고 학교를 그만둔다. 절에서 지내고 도망친다. 미진단 질병과 등록될 수 없는 장애를 얻는다. 이성애자와 사랑에 빠진 퀴어이다. 나는 이들과 더 깊은 '그 밖에'를 향해 가야만 한다. 나아가려는 나와 멈춰 있으려는 내가 서로를 잡아당긴다. 문학은 '그 밖에'라고 말할 수 있는 모든 것의 차지라고 생각해 왔으면서도, 나의 글쓰기가 '그 밖에'라는 처지로부터 시작되었다고 믿고 있었으면서도. 그 사실에 자부심마저 지녀 왔음에도.

'그 밖에'는 내 정체성인 동시에 내가 두려워하는 상태이자 내가 나아가고 싶은 곳이다. 나의 '그 밖에'는 이제 처지만으로 가능하지 않다. 수행성이 필요하다.

우리의 첫 만남은 거의 장난 같았다. 퍼포먼스는 대부분 즉흥적으로 결정되었다. 무대를 어느 한쪽으로 국한하지 않았다. 똑바로 정렬되어 있던 관객용 의자들을 일부러 더 흩어 놓았고 나는 낭독을 하며, 혹은 낭독을 들으며 그 사이를 내키는 대로 걸어 다녔다. 아무 의자에나 걸터앉았다가 바닥에 쪼그려 앉았다가 다른 사람을 쫓아다니다가 타인의 시에 마음대로 끼어들었다. 낭독은 정연하지 않은 채로 쌓이다가 흩어졌고 흩어지다 고양됐다. 모든 목소리들이 정확하게 들리지 않았고 서로의 목소리 사이로 삐져나왔다. 나는 삐져나오는 목소리들이 들릴 때 우리가 잘하고 있다고 생각했다. 그게 왜 그렇게까지 좋았을까. 우리가 하고 있는 이게 도대체 뭘까. 이런 감정은 정말 오랜만이라고 누군가 말했다. 그래, 예전에 이런 감정을 느껴 본 적이 있었지. 이 감정을 뭐라고 해야 하지. 뭘 계속하자. 재밌어 하면서 하자. 그런 얘기를 나눴다. 그리고 우리는 우리가 저마다의 '그 밖에 인간'이라는 대화를 농담처럼 나누었다.

퍼포먼스를 끝낸 이후에 오래 미뤄 둔 소설을 마감했다. 소설을 송고하며 생각했다. 나는 글쓰기를 좋아한다. 타인을 믿는 일을, '그 밖에'의 영역을 향해 애써 보는 일을 좋아한다. 우리는 언젠가 베를린에서도 낭독 공연을 해 보기로 했다. 즉흥적인 대화였지만 약속이 되어 갔다. 우리 중 세 명이 베를린에 살고 있으니까. 다음에는 또 그곳으로 가자. 이런 식이었다. 나의 모국어가 즉각적으로 이해되지 않는 사람들 앞에서 우리가 하는 낭독 공연은 어떤 장면이 될 수 있을까. 전혀 짐작할 수 없지만, 삐져나오는 목소리가 순간순간 존재할 수밖에 없을 테고 그것만큼은 누구나 알아차릴 수 있을 것 같다. 의미를 몰라도. 삐져나와서 돌출되어 버린 소리가 우리가 전달할 소리의 최소한일 것이다.

다른 영토, 다른 언어는 나를 긴장시킨다. 외국에서 사고를 당해 수술을 받았던 경험 때문이다. 나의 경험은 이 긴장을 두려움으로 만든다. 그때 나는 언어의 장벽 때문에 내가 무슨 수술을 받는지도 모른 채 차가운 수술실에 들어갔다. 이후로 언어가 다른 나라로 여행을 갈 때마다 공포에 가까운 긴장이 뒤따른다. 결국 한 번씩은 크게 앓는다. 3년 전 나는 강아지와 베를린을 방문했다. 강아지가 유리 조각을 밟을까 봐 땅만 보며 걸었다. 땅만 기억난다. 그러므로 땅을 기억한다. 이번에도 무섭겠지. 또 땅을 보며 걷겠지. 또 아플지도 모른다. 하지만 재미있을 것이다. 흔쾌히 재미있기로 한다.

베를린

하미나

베를린은 내게 일종의 상징이다. 무질서. 경계 없음. 부적응자들. 기타 등등들. 엄마 없는 자식들. 집 없는 방랑자들. 겪어선 안 될 일을 겪은 사람들이 모이는 곳. 스스로를 달래고 현실에 안착하기 위한 갖가지 워크숍이 열리는 곳. 나는 이곳에서 세상의 균열을 진실한 예술로 만드는 법을 배웠다. 이곳에서 태어난 적도 자란 적도 산 적도 없지만 이곳에 오고 집으로 돌아온 느낌 집에 온 느낌을 받았다. 여기서 만난 사람들 때문에. 아니면 여기서 발견한 나 때문에. 세상이 허용한 것 너머를 꿈꾸고 시도하는 사람들이었고 멀리 가 보는 사람들이었다. 우리 중 누군가는 돌아오지 못하기도 한다. 아아아아. 또한 이곳은 아름답고 섬세한 언어 정교하고 구조적인 언어가 힘을 잃는 곳이다. 망가진 언어가 들끓는 곳이다. (Entschuldigung Entschuldigung mein Name ist Entschuldigung Achtung![실례합니다 실례합니다 내 이름은 실례합니다입니다 주의!]) 영어가 독일어가 권력을 가진 언어가 파괴되는 곳이다. 어떤 언어로든 말해도 된다. 어떤 언어로든 들을 테니까. 언어의 의미 대신 질감으로 듣게 될 테니까. 웅웅대며 모음으로 반복하는, 오탈자의, 아이 같은 말장난의 언어로. 피해의 이야기를 나의 작업으로 삼다가 전범국에 도착했다는 건 아이러니하다. 자기 안의 가해자성, 자기 안의 괴물, 자기 안의 그림자, 자기 안의 끔찍함, 자기 안의 어두움을 들여다보느라 공간이 분열할 때 나는 안전함을 느끼고 고요함을 되찾는다.

    2022년 여름 나는 처음 베를린에 왔고 두 차례에 걸쳐 그 과정을 메일링에 썼다. 그것을 끝까지 지켜본 김소연 시인은 2024년 뮌헨을 거쳐 베를린에 다녀갔다. 그다음에는 김선오, 김리윤 시인이 왔다. 세상에서 제일 듬직한 강아지 연두와 사이코패스 검은 고양이 볼프강과 함께. 그다음에는 광주에서 이제니, 임솔아 시인을 만났다. 우리는 베를린에서 만날 미래를 꿈꾸며 함께 각자의 방에서 시를 썼다. 나는 다섯 시인을 가까이에서 지켜보는 황홀을 누리는 즐거움으로 메아리조각을 한다. 다섯 사람에게 감탄하고 찬미하는 기쁨으로 한다.

몇 년 전 일기장에 이렇게 쓴 적이 있다. 여성 시인들이 간 곳으로 나도 가고 싶다고. 그들이 바라보고 있는 것을 나도 바라보고 싶다고.

나는 더 이상 산문을 쓸 수 없을 때 시를 쓰기 시작했다. 시인들은 공포와 혼란을 시로 바꾸는 법을 알려 주었고 터져 버린 세계를 시로 주워 담는 법을 알려 주었다.

공포와 두려움. 예민함과 아둔함. 애정과 집착. 건방짐과 소심함. 어린애와 노인네. 여성적인 것과 남성적인 것. 게으름과 소화불량. 절절맴과 태평함. 아무것도 숨기지 않음과 틈만 나면 거짓말하는 것. 꾹꾹 눌러 담음과 거침없이 분출하는 분노. 소속되고 싶음과 도망치고 싶음 모두 우리의 일부다.

그러므로 책 출판도 퍼포먼스도 베를린행도 나에게는 다음의 매우 진지하고 중대한 질문의 천천한 응답처럼 느껴진다.

우리 집에 놀러 올래?

응.

메아리조각

김소연

메아리조각은 메아리를 발명하려는 시도를 저마다의 방식으로 행한다. 구성원들 간의 차이를 조금이라도 좁혀 조화를 지향하려는 시도는 개입되지 않는다. '메아리'라는 반향을 지시하지만, 반향의 방식은 엇갈리기 마련이다. '조각'은 전체의 반대편에서 가늠되는 말이지만, 반대를 향해 가는 방향 역시 저마다 다르다. 시는 어차피 조각이다. 전체를 자처할 리 없다. 시는 본래가 메아리다. 원본을 자처할 리 없다. 우리는 시가 더 미립자가 되는 것을 지향한다. 우리의 시는 홀로 존재할 때보다 함께 놓여 있을 때 더 그렇게 되는 경향이 있다. 우리의 시는 물과 기름처럼 섞일 리 없는 것으로써 서로 포개지길 원한다. 포개질 리 없는 방식으로 섞이길 원한다. 물이 기름에게, 기름이 물에게 메아리가 되고 싶어 한다. 메아리가 되어 달라 요청한다. 누군가의 시가, 누군가의 목소리가 누군가에게 부딪히는 순간에만 메아리는 생긴다. 부딪히지 않고 스며든다면 메아리는 생겨나지 않는다. 우리의 시는 의미가 쌓일수록 의미가 사라지기를 원한다. 사라짐을 의미화한다. 소리만 남기를 원한다. 우리의 시가 우리의 목소리로 장소에서 낭독될 때의 겹침, 스밈, 뭉개짐, 쌓임, 무너짐은 소음으로, 외침으로, 아우성으로, 주술 혹은 명상으로, 어쩌면 합창으로 누군가에게 가닿는다. 소음이 합창 혹은 구도가 되는 순간을 우리의 언어가 의미의 허물을 벗는 순간으로 맞이하고 싶다. 언어가 무엇이었는지, 시가 무엇이었는지 잠시 잊는 순간을 겪고 싶다. 언어가 스스로 자신의 정체성으로부터 자유로워지는 순간을 목격하고 싶다.

  시는 침묵과 발화의 사이에 존재한다. 시는 침묵도 발화도 원하지 않는 틈새에서 발아한다. 시는 침묵보다는 시끄럽고 발화보다는 고요하다. 시는 침묵도 의심하고 발화도 의심할 때에 가장 소용이 있다. 시는 침묵의 편에도 발화의 편에도 설 수 있게 된다. 침묵은 때로 풍요롭고 발화는 때로 결여돼 있다. 침묵이 발화를 돕고자 할 때, 발화가 침묵을 돕고자 할 때 어떤 언어가 가능할까. 우리가 잘 알던 언어가 언어의 반복으로 인해 원래 지시하는 것을 멈출 때, 우리가 잘 몰랐던 언어들을 언어가 새로이 찾아가려 할 때. 이럴 때의 언어는 어떤 언어여야 할까. 언어는 본성적으로 미완이다. 누락의 흔적을 이미 포괄하는 기호이다. 누락의 영역을 그대로 보존하는 방식으로써, 시의 언어는 일반 언어보다 핵심을 건사한다. 시어가 허사에 가까워질 때에, 누락된 영역을 고의로 넓힐 때에 시는 물리적 운동을 일으키는 순수한 언어로 재전달된다.

    같은 길을 언젠가 다시 지나갈 때에, 같은 음식을 언젠가 다시 입에 넣게 될 때에 나는 같은 경험을 했던 순간들을 동시에 느낀다. 여러 겹의 내가 조금씩 다른 풍경 속에서 겹쳐 있다. 그때 나에게 그 길은 더욱 선명해지고 그 음식은 더욱 오롯해진다. 너무 많이 겹쳐질 때도 있다. 아침에 눈을 떴을 때. 현관에서 신발에 발을 넣을 때. 모퉁이를 돌 때. 누가 하는 말을 듣고 있을 때. 잘 가, 하고 인사를 하고 등을 돌릴 때. 비통한 소식을 전해 들을 때. 재난이 발생할 때. 부음을 들었을 때. 누군가의 안부를 묻고 싶을 때. 창밖에서 악을 쓰고 싸우는 사람들의 목소리가 들려올 때. 칠흑 같은 밤길을 혼자 걸을 때. 나는 경험이라는 것을 매 순간 하고 있지만, 어떤 경험도 단일하게 감각된 적은 없다. 이번 생이 몇 번째의 생일지 가까스로 알 것만 같을 때도 있다. 어떨 때는 쓰라리고 어떨 때는 아프다. 경험이 무수히 중첩된 형태로 내가 감각하는 이것을 나는 메아리라고 말해 볼 수도 있을 것 같다. 그때그때 조금씩은 달랐을 경험들의 메아리. 그 순간들에 흡수되지 않은 채 반사되어 내 신체에 남겨졌던 감각들의 메아리. 평행 우주를 떠돌다가 잠시 내게 귀환해 주는 시간들의 메아리. 메아리가 된 경험-감각-시간은 나에게 시제를 지우게 만든다. 인칭을 지우게 만든다. 목적어를 지우게 만든다. 언어를 사용하고 있으면서도 언어를 무늬 정도로 사용하게 만든다. 흔적 정도로 배치하게 만든다. 언어가 꿈틀대는 무늬와 언어가 배를 밀고 나아가는 흔적으로 내가 시를 쓰고 있다고 느낀다.

몸

김리윤

비유 대신 착각을 사용할 수 있을까? 오늘 아침 개와 걷는 동안 이것이 요즘 내가 겪고 있는 질문이라 생각했고, 모든 것이 무성해지기 시작하는 늦봄의 허공과 풀숲은 소리 더미로 흔들렸다. 소리는 몸과 별개의 움직임을 가지면서도 반드시 소리의 출처인 몸을 담보하기에 우리의 눈은 언제나 이미 시작된 시작점을, 시작으로부터 달아나는 중인 몸을 눈으로 더듬으며 찾는다. 소리는 몸의 존재를 증언하는 동시에 몸을 숨긴다. 이 가지에서 저 가지로 날아가는 새, 곧 쓰레기통에 담길 깨진 컵, 큰 소리로 웃으며 모퉁이를 도는 행인, 역을 벗어나기 직전의 지하철 같은 것들의 물질적 실체를. 겨울 동안 텅 비어 보이던 허공은 어지럽게 흩어진 소리들, 어렴풋한 좌표를 지닌 소리들로 구성된 임시적인 지형을 이루고 있다. 소리는 출현의 지점을 지시하는 것 같지만, 일종의 운동인 동시에 언제나 순간을 버리며 다음 순간을 향해 나아가는 파형이라서 끝없는 현재만을 가진다. 매 순간 사라지는 중인 지형. 위계도 규칙도 없이 서로 얽히고 포개지며, 각각의 선명함을 방해하지 않으며 움직이는 소리 입자들이 빚는 허공의 조형을 듣는다. 저쪽과 이쪽을 이으려는, 그러니까 길에 대한 욕망이 없는 지도를 본다. 소리는 새의 몸통 내부에서 일어나는 떨림이 외부에서 감각 가능한 형상으로 변환된 것이라고 할 수도 있겠지만, 새의 몸통 내부와 공기가 맺는 관계의 양상이라고 할 수도 있겠지만, 이 모든 것에 대한 최소한의 고정점인 새의 몸을 찾기란 거의 불가능하게 느껴진다. 소리는 우리의 좌표라는 것이, 위치라는 것이, 물리적인 우리의 몸이 차지하는 자리가 얼마나 부드럽게 출렁이는, 아주 짧은 순간만을 점유하는 것인지 알게 한다.

여러 개의 입구. 여러 겹의 흩어짐. 단일한 중심 없이, 분산되고 중첩되며 살아 있는 조형으로서의 소리. 새는 시링크스(syrinx)라 불리는 두 갈래의 발성기관을, 우리의 몸은 후두와 성대를 통해 공기를 진동시켜 소리를 낸다. 목소리는 몸이 행하는 배출이라기보다 몸의 구조와 공기가 맺는 관계를 통해 생성되는 형상에 가깝다. 성대의 길이와 굵기, 후두의 모양, 인두와 구강의 크기, 치아와 입술의 위치 등 개별적인 신체의 구조에 따라 달라지는 목소리는 몸에 내재한 형상과 운동의 흔적이 물질화되는 매체, 일종의 구조적인 이미지라고 할 수도 있겠다. 몸-소리를 듣는다는 것은 사실 우리가 놓인 환경이 몸 내부와 관계하며 만든 공간을 따라 듣는 일이다. 우리는 소리의 변칙과 겹침, 떨림과 망설임 속에서, 파형을 더듬는 듣기를 통해서 그 공간을 짐작한다. 소리의 입장에서 보자면 몸 역시 고정된 형상이 아니라 외부와 내부의 조건에 따라 반응하는 연주체이며, 우리의 신체는 소리의 발생 조건 장치, 스코어(score)가 된다. 카세트테이프의 자기 띠가 물리적으로 흔들리는 자기장을 통해 음악을 재생하듯, 소리는 몸이라는 하드웨어가 하나의 형식을 재생하고 발화하는 매체로 작동하는 과정이라고 할 수도 있겠다.

연주와 함께 끊임없이 재조정되는 관계적 지도로서의 신체. 새의 시링크스는 습도나 기온, 날개의 각도, 바람의 리듬 등 환경을 이루는 요인에 따라 다르게 반응하며 소리의 패턴을 수정하고, 그러므로 새의 몸은 언제나 변화하는 공기와의 관계를 반영한 수행에 가깝다. 우리의 신체 역시 순간순간 생성되고 소멸하는 소리의 조건이 된다. 언어는 몸을 통과할 때 말의 형태로 실현된다. 우리가 목소리라 부르는 것은 사실 성대의 떨림, 입의 여백, 혀의 습도, 횡격막 반동 사이의 반응이다. 특정한 시간, 리듬, 긴장과의 접촉을 통해 지각 혹은 비지각 아래에서 일어나는 발생. 목소리는 곧 몸의 음향적 형상이며 (물론) 여기서 말하는 형상이란 시각적 외형이 아니라 공명의 질감, 소리의 부피감 등으로 구성된, 청각적으로 지각 가능한 조형물이다. 그것은 실시간으로 생성되며 말하는 이의 몸과 환경이 지닌 수많은 요소가 개입하는 물리적 조율을 필요로 한다.

그리고 퍼포먼스에서 우리의 몸이 일시적으로 점유하는 공간은 목소리의 발생을 시간의 흐름 안에서 설치하고 현상하는 장치이자 물리적 조건이 된다. 이때의 공간은 단지 무대가 아니라 신체 내부를 외화하는 표면이기도 하다. 낭독은 시가 하나의 몸을 통과하며 재조립되는 일이다. 시가 비선형적인 풍경 안에서 출현하고 소멸하는 시간의 집합. 우리는 종이에 인쇄된 텍스트를 복제하거나 재생하는 대신 성대, 혀, 입술, 숨, 근육의 긴장 같은 몸의 조건을 통해 '동시' 안에서만 작동하는 언어를 만든다. 소리의 출처가 아닌, 관계와 변화의 조건으로서의 몸. 음향적 지도이자 스코어가 된 목소리, 말하는 자의 내부가 외화된 형상인 목소리는 듣는 자의 몸에서 다시 한번 내부화된다. 몸은 발화의 환경이자 매질이며, 우리 내부의 환경과 외부의 환경이 서로를 조율하며 만들어 낸 관계는 청자의 몸 안에서 다시 배열된다. 퍼포먼스는 언어를 외화하는 몸과 내화하는 몸이 서로의 위치를 교환하며 서로를 울리는 행위다. 새의 메아리로서 흔들리는 나무가 있듯이 화자의 메아리로서 미세하게 진동하는 청자의 몸이 있다.

명금류들은 자는 동안 노래를 연습한다는 연구 결과가 있다. 명금류의 일종인 금화조는 낮 동안 노래를 생성하는 신경 발화 패턴을 저장해 두고, 밤이 되면 이를 읽어 내어 노래를 되풀이하며, 즉흥적으로 변형을 시도한다. 새들의 잠 안에서 벌어지는 이 운동을 소리를 뇌파로, 혹은 뇌파를 소리로, 아니면 몸 내부와 외부를 착각하는 사건이라고 부를 수도 있을까? 이를 착각이라 부르기로 한다면 몸과 소리 사이에서 떨리는 이 착각은 비유보다 정확하게 진실을 지시할지도 모르겠다. 수면 중에도 소리가 연습되듯이, 말은 몸에 기록된 리듬으로부터 언제든 다시 발생할 수 있다. 소리는 의미에 앞서 몸에 저장된 패턴의 반복이자 즉흥, 몸에서 외화된 파형의 오래 지속되는 메아리이며 말은 그 반복과 즉흥 위에 잠시 붙는 얇은 껍질일지도 모른다. 풀숲은 거의 '끝없이'라고 해도 좋을 만큼 연속적으로 흔들리고, 그 안에서 들려오는 소리들은 생성과 동시에 흩어진다. 그러나 이 소리들은 청자인 나의 몸 안에서 서로의 리듬을 혼동하며, 서로가 가진 시간을 착각하며 다시 형태를 갖는다. 기억되는 대신 메아리로 나의 내부를 미세하게 흔들며 재배치한다. 몸 안을 구르며 감각을 동원한다.

시

김선오

유령이라는 단어는 누가 처음 만들었을까? 왜 대부분의 문명에는 불명확한 모든 것을 죽은 인간의 얼굴로 수렴시키는 유령이라는 말이 존재할까? 여기보다 높은 곳을 가리키기 위해, 헤아릴 수 없는 방향과 높이를 다루기 위해 처음 신을 상상하고 명명한 사람은 누구였을까? 태양과 달을 서로 다른 이름으로 부른 사람은? 바다와 호수와 강을 가장 먼저 분별하여 부른 사람은 누구였을까? 자연계는 본래 침묵과 노이즈로 이루어져 있었을 것이다. 그러나 인식과 소통에 용이하도록 세계를 패턴화하여 발음 가능한 소리로 치환해 온 이들이 있었을 것이다. 무리 중 누군가는 사냥을 하고 누군가는 아이를 낳아 기르는 동안 말을 발명하던 이들이, 붉은색과 주황색을 구별하고 비로부터 빗방울을 건져 내고 반복적으로 몰려오는 한 더미의 물을 가장 먼저 파도라고 소리 내어 불러 본 이들이 있었을 것이다. 그리고 그들과 동일한 유전자가, 현재에 이르러 읽고 쓰는 일에 천착하는 당신과 나를 구성하고 있다.

 바람은 시가 될 수 없다. 파도는 시가 될 수 없다. 숨결과 빗방울 나무와 돌멩이 그중 무엇도 시가 될 수 없다. 시가 되는 것은 바람 파도 숨결 빗방울 나무 돌멩이라는 말이다. 바람이 흩어지고 파도가 부서지고 숨이 멎고 비가 멈추고 나무와 돌이 느리게 허물어지는 동안 단어들은 손상되지 않는다. 새로 태어나는 바람 파도 숨결 빗소리 나무 돌멩이 들을 불러내며 말은 여전히 거기에 있다. 말은 대상의 현재를 영원 단위로 넓힌다. 바람이라는 말 속에서 바람은 영원하다.

 언어가 시간의 바깥에 위치하기 때문에 도리어 시간의 흐름에 속박된 물리적 현실을 지시할 수 있다는 사실. 그리하여 물리적 현실을 대체 가능한 기호적 질서로 환원할 수 있다는 사실. 언어를 재료 삼은

창작은 이 두 가지 사실을 자유인 동시에 모종의 위험으로 대하는 일이다. 자유와 위험이라는 이중 관절의 구조 안에서 말들을 배열하고 조율하면서 나는 시라는 이름의 독점적인 텍스트를 생산하는 일에 서서히 지쳐 갔다. 내가 만들어 낸 말의 연속체들은 책의 형상으로 유통되어 이곳저곳을 유랑하는 듯했지만 정작 나는 어딘가에 갇혀 있는 기분이었다. 솔직히 말하자면 기호의 세계에 머무는 시간이 길어질수록 조금씩 미쳐 간다고 느꼈다. 언젠가는 말들을 자연에게 돌려줄 수 있을까 그런 생각을 했다. 말을 영원으로부터 구출하여 시간의 흐름 속으로 되돌려 보낼 수 있을까 그런 생각은 시 쓰기보다 훨씬 거창하게 느껴졌다. 그러나 내가 종이 위에 적힌 시라는 것의 앞뒤로 잘려 나간 무언가를 필요로 하고 있다는 사실은 분명했다.

음악을 풀어서 다시 빗소리로 되돌리듯이. 시였던 것들을 노이즈를 향해 역재생할 수 있다면. 내가 그러모은 의미와 정동과 그 밖의 모든 것이 흩어져 알아볼 수도 없고 응집되지도 않는 소음의 일부가 된다면.

여러 개의 몸에 의해 동시다발적으로 읽히며 서로를 헝클어뜨리는 문장들. 말해짐과 동시에 들려오는 문장들. 일시적인 시공간에 파동으로 잠시 머물렀다가 다시 종이 위로 되돌아가는 문장들. 서로의 그림자를 깨뜨리면서 깨진 곳에 각자의 그림자를 밀어 넣으면서 점점 더 불투명해지는 형상으로 빚어지는 문장들. 발화하는 몸들을 서로의 잔향과 반향으로서 같은 공간 속에 서 있게 하는 문장들. 문장은 평면 위의 한 방향으로 흐르지만 소리는 두꺼워질 수 있다. 중첩되는 목소리들 속으로 의미는 침잠하여 사라지는 것이 아니라 선적인 것에서 덩어리적인 것으로 상승한다. 패턴화 된 의미가 아니라 흩어진 소음의 안쪽을 더 적극적으로 파고들어 가는 이 수행이 나에게는 회복의 운동이었던 것 같다.

말을 자연으로 되돌려주어야 하는 것이 아니라 말이 자연이며 시는 자연을 더 자연화한다. 유령도 신도 아직 존재하지 않는 세계에서 그들의 이름을 처음으로 발설하는 목소리처럼. 방치된 동굴 속으로 맨 처음 기어 들어오는 한 가닥의 빛처럼.

소리

이제니

　낭독은 언제나 문자를 초과하는 차원에서 일어난다. 시를 소리 내어 읽는다는 것은 언어가 몸을 가진다는 사실을 증명하는 행위다. 언어가 다시 호흡의 자리로 돌아가 태초의 리듬으로 맥동하는 순간이다. 시가 하나의 소리로 발화될 때 의미는 백지 위에서 몸을 일으키듯 제 자신의 영역을 넘어서는 방식으로 날아오른다. 의미가 탈구된 목소리의 힘. 목구멍과 혀. 입술과 폐를 지나 입 밖으로 터져 나오는 소리는 물리적인 진동이자 내면의 울음을 해방시키는 진통이기도 하다. 소리를 입은 언어가 간절한 주문처럼 반복되거나 번복되면서 입안에서 일렁이고 울렁인다. 단어와 문장은 말해지는 것이 아니라 들리는 무엇으로 감각된다. 바로 그 지점에서 우리는 시가 쓰인 것 저 너머로부터 불려 나오는 정념이라는 사실을 깨닫는다. 우리의 입술에서 흘러나오는 시는 단순히 귀에 도달하는 소리가 아니라 한 세계가 한 세계를 향해 건네는 고유한 파동이 된다. 여러 겹으로 겹치면서 사라지는 소리들은 누구도 해독할 수 없는 기호-소리로 나아간다. 들리면서 들리지 않는 방식 그대로 읽고 듣는 우리의 영혼 깊숙이 스며든다.
　여섯 명의 시가 각각 고유한 음역대를 넘어 하나의 울림소리로 수렴되는 것을 듣는다. 중첩되며 넘나드는 각자의 목소리가 무의식적인 수준의 집단 에너지로 승화되고 있다고. 우리는 소리 내어 읽어 가는 동시에 직관적으로 듣는다. 서로의 언어가 서로의 정신을 넘나들며 일종의 공명장을 형성하고 있다는 것. 어둠 속에서 오직 목소리로만 흘러나오는 묵독 기도와도 같은. 주술적인 공간을 만들어 내는 서로의 목소리를 거처로 삼을 때 우리의 시는 더 이상 한 사람만의 것이 아니다. 우리의 울음은 더 이상 하나의 울음이 아니다. 우리의 물음은 더 이상 하나의 물음이 아니다. 우리는 언어의 움직임을 수행하는 동시에 목격하는 자가 되어 서로의 소리 속에서 순간을 살아간다. 존재의 깊은 곳에서 흘러나와 또 다른 존재의 깊은 곳으로 가닿는. 부분이자 전체인 숨결. 우리는 의미가 무화되면서 더욱더 풍요롭게 흘러넘치는 바로 그곳에서 서로의 말을 이어받고 있다. 서로의 말하지 않은 말을 이어 듣고 있다. 소리는 거대한 메아리가 되어 이전의 텍스트로는 환원될 수 없는 감각의 언어가 되어 가고 있다. 말과 침묵 사이. 의미와 무의미 사이. 소리와 소리의 여백 사이. 우리는 쓰는 자인 동시에 쓰인 그것을 떠나보내는 자로서 온전히 우리 자신이 되어 가고 있다. 그렇게 온전히 자기 자신으로부터 벗어나고 있다.

언어가 서로의 소리를 통해 각자의 주관적인 고백을 넘어서는 거대한 물결로 흘러가는 것을 본다. 그것은 차라리 청각적인 무엇이 아니라 시각적인 형상으로 소용돌이치는 형국이다. 반향과 잔향 속에서. 만트라 명상에서 길게 늘이며 호흡으로 숨 쉬는 아움 소리의 파동처럼. 시가 가진 청각적 감각이 무수한 색과 모양으로 현현하며 나 아닌 다른 누군가의 몸으로 가닿을 때. 촉각적인 감각에 가까운 깊고 긴 공명음을 만들어 낼 때. 우리는 언어의 몸을 영혼으로 직접 받아안는 제의적인 공간을 함께 만들면서 다시 또다시 벗어난다. 그렇게 서로의 소리들로 영원을 걸어간다는 것.

우리는 생동하며 잦아들기를 반복하는 서로의 의미-소리를 통해 다시금 분명히 알게 된다. 시는 쓴다라는 동사로는 충분히 설명되지 않는 장소라는 것을. 시는 쓴다와 읽는다를 넘어 불린다 울린다 들린다 살아 낸다라는 감각과 함께 할 때에 비로소 간신히 완성에 가까워진다는 사실을. 우리는 여섯 개의 목소리가 진정으로 살아 움직이는 공간 속에서 어느 때보다 서로의 내면을 깊이 이해한다. 언어의 몸으로 환원된 소리는 시라고 불리는 혹은 시라고 불리지 않는 것의 입구이자 출구가 되어 우리에게 새로운 문을 열어 준다. 이전과는 조금은 다른 존재가 될 수 있는 가능성. 들리지 않는 것을 들을 수 있는 가능성. 언어의 가장자리에 깃들어 있는 무엇을 침묵 속에서 가만히 들어 올릴 수 있는 가능성. 낭독은 끝이 나지만 소리는 끝끝내 끝나지 않는다. 우리는 다시 읽고 다시 쓰고 다시 낭독한다. 우리는 다시금 돌아간다. 언어 이전의 감각. 의미 이전의 리듬. 몸 이전의 소리로. 그것은 다시 또다시 존재의 기원으로 귀환하는 길이며 시적 언어의 입체성을 더욱더 깊이 체감하는 방식이다. 그리하여 우리는 시 그 자체가 요구하는 또 다른 자세를 또 다른 여백을 살아가고 살아 내는 순간을 영원처럼 덧입는다.

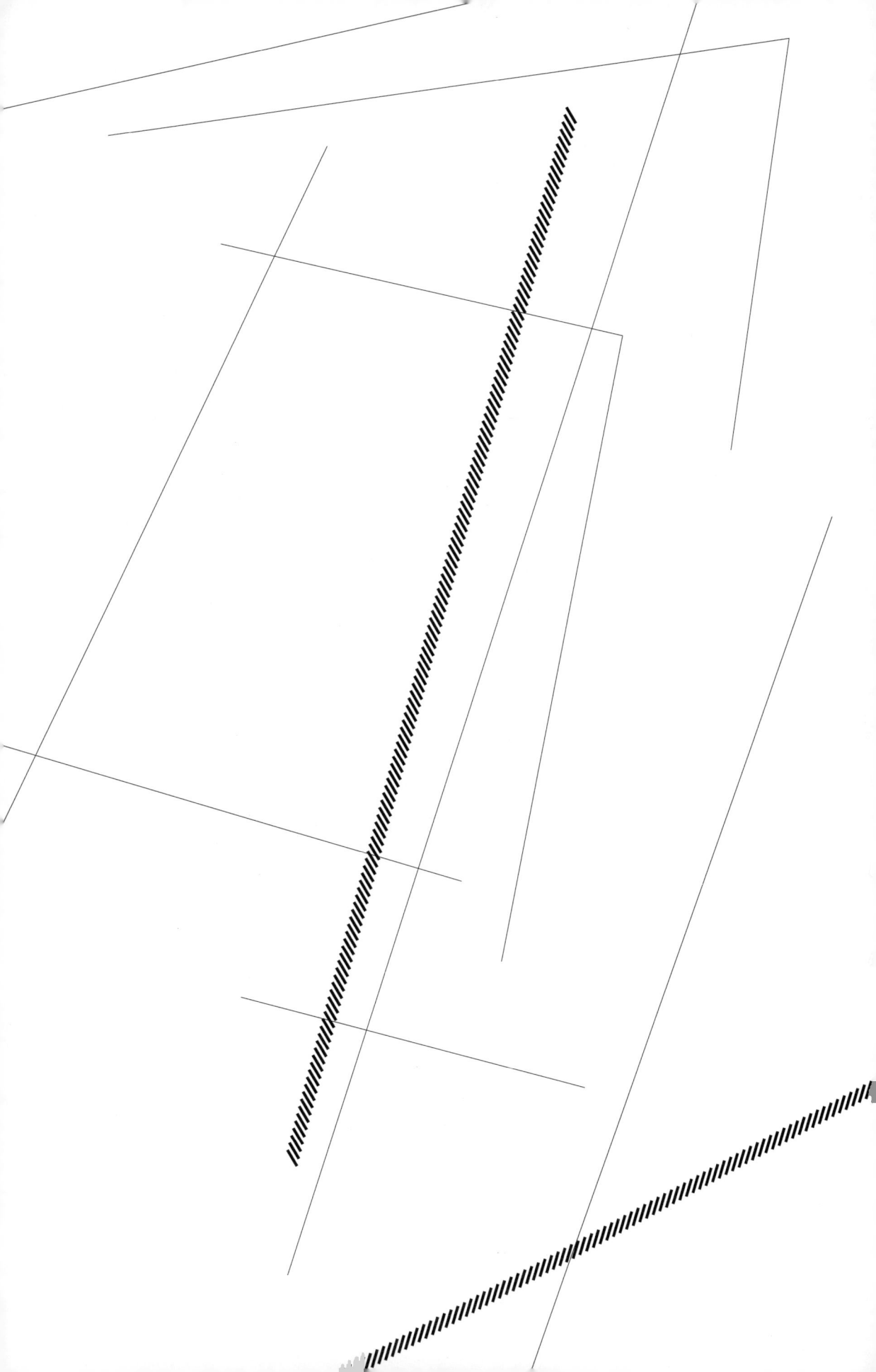

들림

음성 사이 공간의 시간

김뉘연

쓰기가 말을 공간에 멈추어 두는 일이라면,[1] 읽기—소리 내어—는 이 공간에 머문 말을 저 공간에 풀어 두는 일이다. 앞선 문장은 말을 글에 앞세운다. (들린 말이었을까?) 풀림. 풀어 둔 것은 흐른다. 흐트러진다. 흩어진다. 휘발된다. 말의 성질은 유동적이다. 음성을 통해 낭독을 경유하며 글은 (다시) 말이 되어 간다. 글을 소리 내어 읽는 낭독은 그 자체로 읽기라는 과정의 행위이면서 쓰기와 읽기와 듣기를 이어 가는 과정을 만들어 가는 행위이다. 사이의 행위로서, 낭독은 자연히 시간을 다룬다.

불림은 들림을 기다린다.

음성문자에서, 소리는 낱말의 외피다. 음성문자 중 하나인 한글로 쓰인 한국어 낱말을 소리 내어 읽을 때, 목소리나 말소리를 일컫는 음성(音聲)은 시나 노래를 읊는 소리를 가리키는 음성(吟聲)이라고도 읽히게 된다.

낱말의 또 다른 겉껍질인 글자는 안팎으로 공간을 가진다. 그렇다면 특히 시를 낭독할 때 행과 연으로 구성되어 있을 경우 행과 연의 단절을 반영하듯, 낭독용 대본의 지면에 쓰이거나 인쇄된 글을 이루는 글씨나 활자체와 더불어 글자의 속 공간, 글자 사이 공간, 낱말 사이 공간, 글줄 사이 공간을 반영하려는 시도를 해 볼 수도 있을 것이다. 결과적으로 가능한 일인지에 대한 판단과 무관히 그 일이 시도된다면 그것은 글자라는 공간을 읽는 일이 된다. 글자를 공간으로 바라보고 읽는 일—활판인쇄에서 문선공이 상자에 넣어 둔 활자라는 물체를 조판하는 식자공처럼—은 글자를 이루는 획의 안팎 즉 물리적으로

---

[1] 월터 J. 옹, 『구술문화와 문자문화』, 이기우·임명진 옮김, 문예출판사, 1995, 17쪽.

드러난 글자 외의 모든 부분을 공백 내지 여백으로 보고 그 빈 공간을 읽어 내려는 일로 확장될 수 있다. 이를테면 글자가 쓰인 부분을 들어내고 남은 것을 읽어 보겠다는 것이다. 한데 앞서 말했듯이 이는 시 낭독에서 이미 부분적으로 행해지고 있는 일이라고 여겨 볼 수 있다. 낱말들의 띄어쓰기를 지켜 가면서, 행과 행 사이는 상대적으로 짧게, 연과 연 사이는 상대적으로 길게 쉰다. 행과 연을 구분하지 않고 글줄로 이어지는 산문시의 경우 한 문장에서 낱말과 낱말의 띄어쓰기를 반영해 읽어 가면서 (문장의 구조를 잘 드러내기 위한 용도로 쓰이곤 하는) 쉼표나 마침표 등의 문장부호에 기대어 멈춘다. 글줄을 읽으면서 글줄을 이루는 글자와 낱말의 빈 공간을 구조로 받아들이며 읽어 간다. 이 점을 다시금 인지해 본다면, 글자라는 공간을 글자 안팎의 공간과 함께 받아들이면서 보다 폭넓게 인식할 수 있게 된다. 이제 낭독을 글자 안팎의 공간, 글자의 빈 곳, 언어의 구멍을 소리를 통해 드러내는 행위라고 바꾸어 말해 본다. 불린 것과 불린 것 사이, 음성 사이 공간에서 들리는 것. 그것을 들을 수 있는 것이라고 다시 말한다.[2]

    사건을 들어낸 곳에서 사건이 드러난다. 일찍이 4분 33초 동안 증명되었듯이.

들어가면서 나오기, 들어가 있으면서 나와 있기.
    "우리가 어떤 것을 골똘히 듣거나 보는 방식, 또는 그것에 집중하는 방식에는 매우 역사적인 특성이 있다"는 가정 아래 "19세기 이후 주의의 계보학에 대한 윤곽을 그려 보고 주체성이 근대화되는 과정에서 주의가 담당한 역할을 상술"해 보는 책 『지각의 정지』의 서론에서 저자 조너선 크레리는 "주의를 기울이는 능력"을 "떨어져 나올 수 있는 능력"이라고 쓰며,[3] 글을 맺으면서 제목에 쓰인 "정지(suspension)"라는 단어에 대해 밝혀 둔다. 저자는 이 단어를 통해 "유예된(suspended) 상태, 즉 지나치게 몰입한 나머지 통상적인 조건에서 벗어나 버린 보기나 듣기를 암시하고 싶었는데, 이로써 그 상태는 시간으로부터 빠져나와 맴도는 유예된 시간성이 된다"고 적고, "지각 자체를 부정해 버리기까지 하는 어떤 장애"를 주목하면서 "몰입인

2
"들을 수 있는 것, 들리는 것."
김뉘연, 총서 '말과 음악' 소개 글;
박아람, 『라이브 픽처』, 워크룸 프레스, 2025, 책날개.

3
조너선 크레리, 『지각의 정지—주의·스펙터클·근대문화』,
유운성 옮김, 문학과지성사, 2023,
10쪽, 12쪽.

동시에 부재나 지연일 수 있는 (…) 모순적인 구성물로서의 지각"을 검토하려 했다고 부연한다.[4] 이 책에서 지각은 (시각뿐만 아니라) "시각, 청취, 접촉, 혹은 몇몇 감각들이 혼합된 것"을 가리키며, 저자가 주의에 대해 정리하며 인용한 라플랑슈와 퐁탈리스는 "청취"를 두고 "주체를 무언가에 응답해야 하는 위치에 놓는 기호(밤을 기다리는, 밤에 들리는 소음)"라고 말한다.[5]

낭독이라는 상황에 처하게 된 청자는 "유예된 상태"에 놓이곤 한다. 이렇게 "유예된 상태"에 처하는 청자는 인지하지 못하는 사이에 음성 사이 공간에 있게 된다. 이는 낭독 중 실재하는 음성 사이 공간을 넘어 청자 스스로 만들어 내게 되는 음성 사이 공간이다. 이러한 음성 사이 공간에서 "유예된 상태"에 놓인 청자가 겪게 되는 "유예된 시간성"이라는 말은 낭독이 시간을 다룬다는 점을 다시금 상기시키며, 나아가 듣는 데 "몰입"했기에 흘러가는 말 속에서 "부재"인 상황이 되고 그렇게 들림을 "지연"시킬 수 있는 청취로서의 낭독이 어떻게 시간을 다루어야 할지 묻게 된다. 청취라는 낭독에서 시간을 다루는 주체는 청자다. 청취라는 낭독은 청자라는 주체를 (듣고 있음을 넘어) "무언가에 응답해야 하는 위치"에 둔다. 통상적인 시간의 흐름에서 어긋난 시간이 겹쳐져 흐르는 가운데 "밤을 기다"렸던 듣는 이는 주체이자 응답자로서 "밤에 들리는 소음"을 받아쓸 준비를 한다.

들림은 물체의 진동에 의해 생긴 음파라는 파동을 귀로 받아들인 결과다. 파동은 공간의 부분에 발생한 상태의 변화가 퍼져 가는 현상이다. 소리를 내고 듣는 일은 공간에 어떠한 변화를 만들어 내고 그로 인한 현상을 받아들이는 일이다. 낭독은 그 일을 몸으로 해낸다. 몸에서 몸으로 전달한다. 쓰여 있음이 내포하는, 직접 쓴 필체로 남거나 지면에 활자로 고정되어 버린 신체의 지나간 움직임을 낭독이 일깨워 간다. 글은 말로 움직이게 되면서 자신이 과거에 움직인 결과였음을 깨닫는다. 지나간 시간의 움직임은 쓰인 것을 거슬러 간다. 쓴다는 것은 나와 남의 글과 말을 읽고 들은 결과다. 그것을 들린 것이라고 쓴다. 들린 그것은 받아쓰기를 상기시킨다. 받아쓰기는 언어를 몸으로 통과

4
같은 책, 24-25쪽.

5
같은 책, 50쪽.

해 내는 과정이다. 입으로 불린 것을 귀로 듣고 손으로 쓰면서 몸을 언어의 구멍이자 통로로 만들어 가는 과정이며, 한 사람이 "밤"의 언어를 익혀 소통할 수 있기까지 반복되는 연습이다. 자신의 생각을 드러낼 때 '말하다'라는 동사를 폭넓게 쓸 수 있다는 점에 기대어, 받아쓰기는 누군가를 말하게 만드는 일이라고 쓴다.

새가 날아든다.

받아쓰기와 띄어쓰기. 차학경은 『딕테』를 (책의 제목을 반영한) 받아쓰기로 시작하면서 단어와 단어 사이 띄어쓰기 간격보다 문장과 문장 사이 띄어쓰기 간격을 더 넓혀 크게 두 가지 시각적인 구멍을 만들었고, 그러면서 문장부호를 단어로 풀어 읽어 나갔다.[6] 일반적으로 글을 읽을 때 문장부호는 언어의 구멍이 되어 건너뛰어지곤 하기에, 이렇게 문장부호를 단어로 바꾸어 읽어 내는 접근은 그 반대편에서 언어의 또 다른 구멍이 될 수 있다. 해당되는 문장부호 대신 마침표, 쉼표, 따옴표라는 단어가 적혀 있을 때, 그 단어가 문장의 의미 속에서 결국 다시 문장부호로 기능하게 될지언정, 단어로 떠오른 문장부호를 우선은 단어라는 표면으로 받아들이게 된다. 문장의 의미가 의도하는 문장부호에 바로 가닿지 못하는 단어는 그렇게 언어의 구멍을 뒤집어 쓴 채다.

언어의 구멍이라는 말은 모음을 연상시킨다. "몸은 구멍을 필요로 한다. (…) 모음은 구멍을 필요로 한다. (…) 음은 구멍을 필요로 한다."[7] 영상 「입에서 입으로」(Mouth to Mouth, 1975)에서 차학경은 한글 모음 중 여덟 개와 그것을 발음하는 듯한 입 모양을 구멍으로 보여 주면서 흰 점과 소리로 흩트려 간다. 모음은 말의 뼈다. 모어의 뼈대를 부분적으로 구현해 나가려는 움직임은 흐르는 물소리에 실려 가고 뒤잇는 새소리와 함께 끝난다. 그렇다면 물의 흐름과 새의 지저귐을 모음으로만 이루어진 소리라고 여겨 볼 수 있을까. 시간이 흐른 후, 또 다른 새가 메아리를 닮은 관계에 놓인 말과 글에 메아리처럼 등장한다. 말로 펼친 시학 강의를 글로 묶은 책 『변신』에서 다와다 요코는 낯선 곳에서 목소리를 내게 되면 "단어가 아니라 새를 내뱉는 듯한 느낌"이 든다고 말하며 예술 작품 속 새들에 귀 기울인다.[8] 목록의

---

[6] 차학경, 『딕테』, 김경년 옮김, 문학사상, 2024, 11쪽.

[7] 김뉘연, 「필요」, 『제3작품집』, 외밀, 2023, 쪽 번호 없음.

[8] 다와다 요코, 『변신』, 정항균 옮김, 세창출판사, 2025, 9쪽.

마지막은 올리비에 메시앙의 「새의 카탈로그」(Catalogue d'oiseaux, 1956-1958)인데, 자연에서 새소리를 듣는 메시앙의 사진을 두고 다와다 요코는 "그가 모방한 것은 다름 아닌 모방 행위 자체"이고, 이는 새가 다른 새의 지저귐을 모방하는 특성을 지니기 때문이라고 적는다.[9] 새는 새를 받아쓰기한다. 나는 너를 받아쓰기한다. 메아리. 울려 가다 부딪쳐 되울려 오는. 메아리. 되울려 오다 부딪쳐 되울려 가는. 반복을 반복한다. 그렇게 반복을 과정으로, 행위로 드러낸다. 반복을 되풀이라고 말한다. 그렇게 반복을 같고 다르게 드러낸다.[10]

받아쓰기와 다시 쓰기. 청자라는 주체에 따라, 받아쓰기는 그 자체로 언어의 구멍이 될 수 있다. 잘 못 읽고, 잘못 읽고, 잘 못 쓰고, 잘못 쓴다. 잘 못 말하고, 잘못 말하고, 잘 못 듣고, 잘못 듣는다. 쓰인 그대로 말하고 읽힌 그대로를 듣는 대신 기록됨을 탈피하고 휘발됨을 자처한다. 오독(誤讀)과 오청(誤聽)이 다음의 시작(始作)과 시작(詩作)을 담보한다.

시작(詩作)의 시작(始作)은 모두를 한자리에 둔다. "잘 못"과 "잘못"은 몸으로 익혀 둔 언어를 몸으로 익혀 두지 않은 언어로 변신시킨다. 발화되는 언어의 본래를 이해할 수 있는 이와 이해할 수 없는 이를 같은 상태에 둔다. 음성을 어느 누구에게도 곧바로 이해되지 않는 외국어와 유사한 상태로 탈바꿈시켜 일종의 (밤에 들리는) "소음"으로 만든다. 이 '음성 소음'은 음성의 공간에 속하면서 음성 사이 공간에 속한다—이제 음성 사이 공간은 음성이 들리지 않는 공간을 넘어, 다른 음성이 들리는 공간이 된다. 다른 음성은 각자 듣는 만큼 들릴 수 있고 다 다르게 들릴 수 있다. 그렇게 다른 음성이다. 부분으로 존재하게 되

9
같은 책, 62쪽.

10
언어의 상실과 망각에 대한 책 『에코랄리아스』의 번역가는 저자가 "아이의 옹알거림" 중에서 "어른의 언어가 간직하고 있는 것"이 "만약 있다면, 그것은 다만 메아리(echo)일 것"이라고, "언어와는 다른 어떤 것의 메아리일 것"이라고 쓰며 남긴 "에코랄리아(echolalia)"라는 단어에 대해, "'반향어' 또는 '메아리어'로 번역할 수 있을" 에코랄리아가 전문용어로서는 "언어적 정신질환의 일종으로 다른 사람이 한 특정한 말에 '꽂혀서' 또는 '붙박여서' 그 말을 강박적으로 반복하는 현상"을 가리킨다고 밝혀 둔다. 대니얼 헬러-로즌, 『에코랄리아스—언어의 망각에 대하여』, 조효원 옮김, 문학과지성사, 2015, 12-13쪽, 291쪽. 한편 "반복을 같고 다르게 드러낸다."라는 문장은 '번역'이라는 '받아쓰기-다시 쓰기'와 겹쳐진다.

는 이 들림들은 전체와 다른 상태를 만들어 간다. 부분은 문학의 모습이다.[11]

벌린 입을 다시 본다. 모음을 음절로 적을 때 기본적인 짝이 되는 자음인 이응(ㅇ)의 속 공간처럼 보이는 입 구멍이다. 다시, 구멍은 통로다. "성대의 진동을 받은 소리가 목, 입, 코를 거쳐 나오면서, 그 통로가 좁아지거나 완전히 막히거나 하는 따위의 장애를 받지 않고 나는 소리"로서 모음은 흘러간다.[12] 모음은 흘러가며 자신의 역할을 다한다. 흘려 보내며 통로가 제 역할을 다하듯이.[13]

음성이 실제로 들리지 않는 사이 공간이든, 음성이 몰입한 청자에게 들리지 않게 되는 사이 공간이든, 음성이 모두에게 다르게 들리는 사이 공간이든, 언어는 음성 사이 공간을 통과해 나간다. 시 낭독이 만들어 내는 음성 사이 공간에서 언어는 의미로 수용될 수 있음을 비켜나며 머물 수 있음을 벗어난다. 음성 사이 공간에서 언어는 언어의 윤곽이 되어 있다. 음성과 음성의 사이에서 가능해지는 이 일을 언어가 언어의 구멍을 만드는 또 다른 방식이라고 여겨 볼 수도 있을 것이다. 이러한 언어의 윤곽은 시각적 심상을 탈피하는 시와 공명한다.[14] 시각적 심상에서 벗어나 있는 시는 시에서 시각적 심상을 떠올려 내려는 익숙한 시도에 '시각적 심상 없음'이라는 사건을 들려준다. 뜻에서 풀려난 말은 말이 되지 않음을 이루려 한다. 이는 시와 '사건 없음'의 관계를 연상시킨다. 시에서 사건은 없을 수 있는가. 만약 그럴 수 있다고 가정한다면, 시는 사건 없음을 스스로 증명할 수 있는가. 시는 사건 없음의 상태를 이루지 못한 채다. 이를테면 자신에게 사건이 없음을 스스로 증명

---

[11]
"문학이란 파편들의 파편이다. 일어나고 말해진 것 중 아주 작은 부분만이 쓰여지고, 쓰여진 것 중에서도 아주 작은 부분만이 남게 된다."(괴테) 프리드리히 키틀러, 『축음기, 영화, 타자기』, 유현주·김남시 옮김, 문학과지성사, 2019, 21쪽에서 재인용.

[12]
「모음」, 『표준국어대사전』, 국립국어원(https://stdict.korean.go.kr).

[13]
'통로'라는 말과 함께, '지나감'으로서 브루스 나우먼의 「콘트라포스토 자세로 걷기」(Walk with Contrapposto, 1968)와 「퍼포먼스 통로」(Performance Corridor, 1969)와 「라이브로 녹화되는 비디오 통로」(Live-Taped Video Corridor, 1970)를, '흘러감'으로서 차학경의 「통로/풍경」(Passages Paysages, 1978)을 떠올린다. 한편 "벌린 입"은 사뮈엘 베케트의 단편극 「나 아닌」(Not I, 1972)에서 말을 쏟아 내는 여자의 입을 '출구'("밖으로 나갈 수 있는 통로" 나아가 "빠져나갈 길", 『표준국어대사전』, 국립국어원)로서 연상시킨다.

[14]
한국어에서 '이미지'는 문학에서 "감각에 의하여 획득한 현상이 마음속에서 재생된 것", 즉 "심상"으로 정의된다(「이미지」, 『표준국어대사전』, 국립국어원). 따라서 "시각적 심상"은 "시각적 이미지"와 동일한 표현이 되며, 이와 별개로, "청각적 이미지"라는 말도 쓰이게 된다.

하는 과정이 '사건 있음'이 되어 버리는 식이다. 사건 없음을 증명해 나가면서 시가 사건 있음이 되어 가는, 사건 있음을 드러내 보이면서 시가 사건을 빠져나가 열어 두는 없음과 있음의 동시성은 시의 속성이다. 시에서 사건은 발생하면서 휘발되고 휘발되면서 발생한다. 사건 없음과 사건 있음을 끝없이 오가는, 메아리의 움직임을 닮은 운동. 시에서 시는 자신의 움직임만을 드러내거나 들려주며 시를 시로 증명한다.

음성 사이 공간에서 언어가 언어의 윤곽이 되어 있는 상태로 돌아온다. 언어를 따라, '사건 있음'이 시의 윤곽이 되어 있다고 적어 본다. 시는 그렇게 사건 있음에 사로잡힌다. 그리고 사건 있음을 윤곽 삼아 자신의 옆면과 뒷면을 보일 수 있게 된다. 음성 사이 공간에서 시의 부분들은 윤곽의 부분으로 윤곽에 가까운 상태를 이루어 나간다.

시는 "윤곽에 가까운" 상태라는 말로 자신을 부분적으로 드러내려 한다.[15]

메아리로 돌아온 문장. 메아리는 말의 움직임이자 윤곽이다.

음성 사이 공간이라는 말은 "말 없음"을 불러온다. 한 편의 시를 여는 "어떻게 말할까"의 문제는 다음 행의 "어떻게 말하지 않을까"로 이어지고, 시를 닫는 "어떻게 엿들을까"는 "어떻게 엿듣지 않을까"로 이어진다.[16] 시에서의 말 없음은 시에서의 사건 없음과 통한다. 시가 사건 없음의 상태를 결국 이루지 못하듯이, 시는 말 없음의 상태에 미치지 못한다. "어떻게 엿듣지 않을까"가 다시 "어떻게 말할까"로 돌아가는, 말 없음과 말 있음을 오가는, 또다시 움직임만을 증명하는 상태.

말한 것을 듣고 들은 것을 말하게 된다고 전제하는 순환 속에서, "어떻게 엿듣지 않을까"가 "어떻게 말할까"로 돌아가게 되는 과정을 헤아려 본다. 엿듣지 않으려 했지만 그럼에도 엿들은 것이 있다면, 엿들은 것이 있기에, 엿들은 것을 어떻게 말할지 생각하게 될 수 있다. 그런데 엿듣지 않으려 한 끝에 엿들은 것이 없게 된다면, 엿들은 것이 없기에, 그것을 어떻게 말할지 생각하는 단계에 이르지 못하게 된다. 움직이기 어려워 보이는 이 후자의 과정을 움직이게 하는 것을 "언어 잔여", "언어 나머지"라고 폭넓게 말해 본다.[17] 프로이트가 실어증을

---

[15] 김뉘연, 『이것을 아주 분명하게』, 문학과지성사, 2025, 뒤표지.

[16] 김뉘연, 「말 없음」, 『제3작품집』, 쪽 번호 없음.

[17] 대니얼 헬러-로즌, 『에코랄리아스—언어의 망각에 대하여』, 169-170쪽.

연구하면서 실어증 환자들이 언어를 잃어버린 상태에서도 말하게 되는 "한 줌"을 가리키며 사용한 이 용어들을 후자의 상황에 적용해 보면, "언어 잔여" 내지 "언어 나머지"는 지금 당장 무언가를 엿듣지 않은 상태에서 이전에 마지막으로 또는 강렬하게 들었거나 받아들였던 것이 남게 되는 결과를 향한다. 남은 것이 반복된다. 그것을 어떻게 말할까. 그렇게 다시 움직인다. 우로보로스처럼.

"한때-헤엄칠-수없었음"을 잊지 않고 있기에 헤엄칠 수 있으면서도 결국 헤엄칠 수 없다는 카프카의 산문처럼,[18] 시는 "말 없음"을 잊지 않는다. 그러면서 말 없음을 잊지 않았기에 말을 할 수 없다고 말하며, 그렇게 말 있음의 상태를 불러낸다―이것은 말의 속성이기도 하다. 시를 낭독하는 과정 속에 발생하는, 들리면서 들리지 않는 음성 사이 공간은 이렇게 시의 꼬리를 문다. 다시 우로보로스를 그리는 그 모습은 또다시 「입에서 입으로」의 입 구멍을 그려 보게 한다. 숨을 불어넣어 생을 되살리려는 인공호흡법을 연상케 하는 원제를 닮은 구멍은 다음으로 열려 있음을 조금씩 엿보이며 흐려져 간다.

말로 전해 내려왔다고 알려진 『일리아드』와 『오디세이』의 시인 호메로스를 두고, 『구술문화와 문자문화』의 저자 월터 J. 옹은 고전학자 밀먼 패리의 분석에 바탕해 "일종의 관용구집을 머릿속에 간직"하고서 "거듭거듭 판에 박힌 문구를 사용"한 "짜맞추는 조립 작업 라인(assembly-line)의 노동자"라고 표현했다.[19] 구송 시인은 관용구와 정형구와 운율에 기대어 계속해서 말할 수 있었다. 틀에 맞추어 말을 이어 가는 가운데 때로 말하는 시인도 음성 사이 공간에 있게 되었으리라, 스스로를 들으며 말했던 시인이 '받아쓰기'와 '다시 쓰기'를 자연히 체득했으리라 여기며 시인과 시인들이 머물렀고 지나가는 음성 사이 공간에 귀 기울이는 연습을 한다. 풀린 말이 들리며 생겨난 음성 사이 공간의 비선형적인 시간은 '쓰기-읽기-듣기'를 '쓰기-읽기-듣기-쓰기'로 순환시킨다. 움직임이 움직임으로 이어진다.

"내가 계속 들었기 때문이다."[20]

---

[18] 같은 책, 179쪽에서 재인용.

[19] 월터 J. 옹, 『구술문화와 문자문화』, 40쪽.

[20] 김뉘연, 『말하는 사람』, 안그라픽스, 2015, 3-4쪽; 김뉘연, 『제3작품집』, 쪽 번호 없음에서 재인용.

메아리조각

김리윤 KIM LIYOUN
시인. 베를린에 거주하며 서울과 베를린을 기반으로 활동한다. 시집 『투명도 혼합 공간』, 산문집 『부드러운 재료』 등을 썼다. 제13회 문지문학상을 수상했다. 몸과 풍경이 서로를 착각하며 지나간 자리에서 잠시 형상을 갖는 소리를 듣고 있다.

김선오 KIM SONO
시인. 베를린에 거주하며 서울과 베를린을 기반으로 활동한다. 시집 『나이트 사커』 『세트장』 『싱코페이션』, 산문집 『미지를 위한 루바토』 『시차 노트』 등을 썼다. 들으며 뒤덮이고 있다.

김소연 KIM SO YEON
시인. 인천에서 거주하며 서울을 기반으로 활동한다. 시집 『극에 달하다』 『빛들의 피곤이 밤을 끌어당긴다』 『눈물이라는 뼈』 『수학자의 아침』 『i에게』 『촉진하는 밤』과 『마음사전』을 비롯한 다수의 산문집을 썼다. 제10회 노작문학상, 제57회 현대문학상, 제12회 이육사시문학상, 제21회 현대시작품상, 2024년 청마문학상을 수상했다. 고요한 물속에서 듣는 내 숨소리를 자주 그리워한다.

이제니 LEE JENNY
시인. 거제도에 거주하며 서울을 기반으로 활동한다. 시집 『아마도 아프리카』 『왜냐하면 우리는 우리를 모르고』 『그리하여 흘려 쓴 것들』 『있지도 않은 문장은 아름답고』, 산문집 『새벽과 음악』 등을 썼다. 제21회 편운문학상 우수상, 제2회 김현문학패, 제67회 현대문학상을 수상했다. 들리지 않기에 이 세계에 없는 소리가 되어 버린 소리 듣기를 좋아한다.

임솔아 LIM SOLAH
시인, 소설가. 서울을 기반으로 활동한다. 시집 『괴괴한 날씨와 착한 사람들』 『겟패킹』, 소설집 『눈과 사람과 눈사람』 『아무것도 아니라고 잘라 말하기』, 중편소설 『짐승처럼』, 장편소설 『최선의 삶』 『나는 지금도 거기 있어』, 산문집 『다시, 뒷면에게』 등을 썼다. 제35회 신동엽문학상, 제10회 문지문학상, 제13회 젊은작가상 대상을 수상했다. 강아지가 내 품속에 들어오면서 내쉬는 한숨 소리를 좋아한다.

하미나 HA MINA
시인, 논픽션 작가. 서울과 베를린을 오가며 활동한다. 『미쳐있고 괴상하며 오만하고 똑똑한 여자들』 『아무튼, 잠수』와 다수의 공저를 썼다. 이른 아침 홀로 차를 마시며 차호가 해 주는 이야기를 듣는 것을 좋아한다.

번역

김지선 JENNY JISUN KIM
뉴욕에서 번역과 시각예술 작업을 한다. 언어와 회화의 추상성에 관심이 있으며 시집 『나랑 하고 시픈게 뭐에여?』(최재원 지음)와 『투명도 혼합 공간』(김리윤 지음)을 번역하고 있다.

윤지수 JISOO HOPE YOON
소설, 연극, 게임 등 다양한 형태의 서사를 쓰고 번역한다. 비교문학을 공부하며 불완전하고 매끄럽지 못한 번역에 관심이 생겼다. 서울에서 태어났고 뉴욕에 거주하고 있지만 항상 어딘가로 떠나고 있다. 뉴욕 극단 소호 렙(Soho Rep)에서 극작가 펠로로 활동하면서 게임 시나리오작가로 근무 중이다.

이유나 EUNICE LEE
한영 번역가이자 영미 문학 연구자이다. 『싱코페이션』(김선오 지음)을 번역했고, 김명순 시 전집을 번역하고 있다. 보스턴과 서울에서 활동하고 있으며, 하버드 대학교 영문과 대학원에 재학 중이다.

하인혜 INHYE HA
인천에 거주하는 학계 노동자. 18세기 영문학과 문화, 비평 이론을 공부했다. 여성 작가들의 글쓰기와 주체성, 비인간 동식물이 들려주는 이야기에 치중하여 여러 작업을 하고 있다. 『i에게』(김소연 지음)를 번역하고 있고, 수록작 일부 번역본이 2025년 4월 『애심토트』(Asymptote)에 게재되었다. 영한 번역서로 『남성 특권: 여성혐오는 어디에서 비롯되는가』와 『클라라 슈만 평전』(공역)이 있다.

글

김뉘연 KIM NUIYEON
시인, 편집자. 워크룸 프레스와 작업실유령에서 일한다. 시집 『모눈 지우개』 『문서 없는 제목』 『제3작품집』 『이것을 아주 분명하게』, 소설 『부분』 등을 썼다.

그 밖에
메아리조각 지음

초판 1쇄 발행. 2025년 9월 4일

발행. 워크룸 프레스
편집. 박새롬, 이동휘
디자인. 유현선
제작. 세걸음

ISBN 979-11-94232-18-6 03810
16,000원

워크룸 프레스
03035 서울시 종로구 자하문로19길 25, 3층
02-6013-3246
wpress@wkrm.kr
workroompress.kr